# 노르웨이
## NORWAY

린다 마치, 마고 메이어 지음 · 이윤정 옮김

세계의 **풍습과 문화**가 궁금한
이들을 위한 **필수 안내서**

세계 문화
여행

# 노르웨이

## N O R W A Y

시그마북스
*Sigma Books*

# 세계 문화 여행 _ 노르웨이

**발행일**  2020년 2월 10일 초판 1쇄 발행
**지은이**  린다 마치, 마고 메이어
**옮긴이**  이윤정
**발행인**  강학경
**발행처**  시그마북스
**마케팅**  정제용
**에디터**  신영선, 장민정, 최윤정
**디자인**  최희민, 김문배

**등록번호**  제10-965호
**주소**  서울특별시 영등포구 양평로 22길 21 선유도코오롱디지털타워 A402호
**전자우편**  sigmabooks@spress.co.kr
**홈페이지**  http://www.sigmabooks.co.kr
**전화**  (02) 2062-5288~9
**팩시밀리**  (02) 323-4197
**ISBN**  979-11-90257-21-3 (04900)
          978-89-8445-911-3 (세트)

# 노르웨이 전도

바렌츠해

노스케이프

바드쇠

시르케네스

러시아

핀마르크

트롬쇠

트롬스

나르비크

보되

북극권

노르웨이해

노르들란드

노드트룬드라그

스웨덴

핀란드

보트니아만

트론헤임

쇠르-
트렌델라그

올레순

뢰로스

뫼레오그롬스달주

헤드마르크

송노피오라네주

오플란

릴레함메르

호르달란

부스케루

에이드스볼

핀란드 만

베르겐

아케르스후스

에스토니아

하우게순

오슬로

로갈란

텔레마르크

외스트폴

스타방에르

베스트폴

발트해

베스트
아그데르주

크리스티안산

# 차 례

## 08   비즈니스 현황

## 06   여가생활

## 09   의사소통

## 07   여행, 건강 그리고 안전

노르웨이는 숨이 막힐 정도로 아름답다. 깎아지른 듯한 바위 절벽과 피오르 해안으로 이루어진 해안선부터 웅장한 스칸디나비아 산맥까지, 그리고 북극의 툰드라 지역부터 자연 그대로 잘 보존되어 금빛 모래가 반짝이는 남쪽 해변까지. 노르웨이에서 볼 수 있는 자연경관은 그 모습이 극과 극을 이룬다. 하지만 만일 여러분이 백야 현상을 볼 수 있는 이 나라에 방문하고자 한다면, 북극 가까이 위치한 노르웨이 왕국 사람들이 어떻게 살아가고 있는지에 관한 배경 지식도 미리 공부해두는 것이 좋다. 이 책은 속내를 겉으로 잘 드러내지 않는 노르웨이 사람들에 대한 정보를 넘어 이 나라의 영토와 기후가 어떻게 그들의 삶에 영향을 미쳐왔는지 알게 해줄 것이다. 그뿐 아니라 노르웨이 국민의 가치관과 사고방식을 소개하면서 그들이 어떻게 경제활동을 꾸려가는지도 알려준다. 세계에서 가장 부유한 나라 중 하나인 노르웨이에서 비즈니스를 하고자 하는 독자에게는 꼭 필요한 정보가 될 것이다.

이 책은 또한 주말에 '진짜' 노르웨이 사람들을 만나 사교활동을 하며 편안하고 값진 시간을 보낼 수 있도록 유용한 정보를 제공한다. 가정생활의 기반을 이루고 있는 풍습과 전통을 소개하는 장에서는 노르웨이 가족들이 살아가는 모습을 살짝 엿볼 수 있도록 해준다. 노르웨이의 예절을 조금 배워둔다면 새로 사귄 친구가 집으로 초대할 때 흔쾌히 승낙할 수 있을 것이다.

노르웨이는 세계에서 가장 잘사는 나라 중 하나로, 삶의 질 또한 굉장히 높기로 유명하다. 복지국가에서 삶의 기본적인 필요를 충족시켜주기 때문에 절대적인 가난은 존재하지 않으며, 평등과 공정성이라는 가치를 강하게 추구하는 노르웨이 국민은 스스로 일궈온 사회를 자랑스레 여기고 누구든지 평등한 존재로 대한다. 이들은 또한 야생의 아름다움과 자연을 향한 깊은 경외심을 마음속에 지니고 있으며, 위대한 자연경관 속에서 야외활동을 즐길 줄 아는 사람들이다.

노르웨이 사람을 처음 만나면 그들이 신중하고, 예의 바르며, 법을 준수하고, 매우 강인하다는 인상을 받게 될 것이다. 개인주의적인 성향 또한 강해서 외국인들은 세찬 얼음 폭풍 속에 우뚝 선 암벽과 마주한 느낌을 받을 수도 있다. 노르웨이 사람과 친해지는 데는 시간이 조금 걸릴 수도 있지만 표면적으로 보이는 모습을 허물고 가까워질 기회를 만들어간다면 마음이 따뜻하고 친절하며, 유머러스하고 가족을 소중히 여기는 진짜 노르웨이인의 모습을 발견하게 되리라 믿는다.

이 책이 새로운 문화 속에서 독자 여러분이 올라탄 배의 노를 저어 사교생활부터 직장생활까지 친절하게 안내하는 길잡이가 되어주고, 노르웨이라는 나라에 대한 이해를 도울 뿐 아니라 비즈니스 동료와 친구를 만드는 것이 조금 더 쉬워지도록 도울 수 있길 바란다.

# 기본 정보

| | | |
|---|---|---|
| 공식 명칭 | 노르웨이 왕국 | |
| 수도 | 오슬로 | |
| 주요 타운 | 베르겐, 트론헤임, 스타방에르, 트롬쇠, 크리스티안산 | 세계에서 제일 북쪽에 있는 성당과 대학교가 트롬쇠에 있다. |
| 면적 | 38만 6,958km² | 영토의 65%가 산지로 이루어져 있고, 경작되는 토지는 영토의 5%도 되지 않는다. |
| 기후 | 북쪽 지방은 겨울이 길고 매우 춥다. 해안가는 온화하며 내륙은 선선하다. | 서부 지방의 강수량은 매년 2,032mm에 이르지만 동부 지역은 800mm 미만이다. |
| 통화 | 노르웨이 크로네 | |
| 인구 | 529만 명 | 평균 수명은 남성 81세, 여성 84세 |
| 민족 구성 | 노르웨이인 83%<br>기타 17% | 북쪽 지역 토착민인 사미(라프)인이 약 5만 명 정도 살고 있다. |
| 가족 구성 | 한 가족당 평균 자녀수는 2명 | 이혼율은 50%에 이른다. |
| 언어 | 노르웨이어<br>사미어 | 6세부터 의무적으로 영어를 배우며, 제2외국어로는 주로 프랑스어나 독일어를 배운다. |
| 종교 | 공식 종교 없음 | 노르웨이 교회(루터복음교) 71%, 기타 기독교 6%, 이슬람교 3%, 기타 3%, 무교 17% |
| 정부 | 입헌군주제, 의회 민주주의 | 군주는 정치적 권한을 갖지 않는다. 노르웨이 의회는 169명으로 이루어져 있으며, 4년마다 선거를 통해 선출한다. |
| 언론 매체 | 공영방송 NRK는 2개의 TV 채널(NRK1, NRK2)과 3개의 라디오 채널을 운영한다. 민간 방송국 TV 노르헤와 TV2가 있고, 그 외에도 민간 라디오 방송국과 케이블, 위성방송 채널이 있다. | 주요 일간지로는 〈아프텐포스텐〉, 〈베르덴스 강〉, 〈다그블라더트〉가 있다. 서부 지역신문인 〈베르겐스 티덴드〉와 〈스타방에르 아프텐포스텐〉이 있고, 〈다겐스 나링스리브〉는 대표적인 경제일간지다. |
| 영어 매체 | 영어권 국가에서 많은 TV 프로그램이 수입되어 더빙 작업 없이 방송된다. 영어 프로그램만 방송하는 케이블 채널도 있다. | NATO 라디오 방송국에서는 영어 방송을 내보낸다. |
| 전압 | 220V, 50Hz | 2핀 플러그를 사용한다. 미국식 장치에는 어댑터를 사용해야 한다. |
| TV/비디오/DVD | PAL 시스템<br>DVD 유럽 지역 코드 2 | 미국 시스템과 호환되지 않는다. |
| 인터넷 도메인 | .no | |
| 전화 | 국가번호 47<br>해외로 전화를 걸 때는 00을 누르고 해당 국가번호를 눌러야 한다. | 유럽에서 가장 선진화된 전자통신 네트워크를 자랑한다. |
| 시간 | 영국 그리니치 표준시 +1<br>미국 동부 표준시 +6 | 3월 마지막 일요일에서 10월 마지막 일요일까지 서머타임 실시 |

# 01

## 영토와 국민

영토의 크기가 영국과 거의 비슷한 노르웨이는 인구 밀도가 낮고 신선한 공기와 자유를 사랑하는 국민이 언제든 만끽할 수 있는 훌륭한 자연경관을 자랑한다. 국민 대다수는 유럽 인종이고, 나머지 일부는 영토 최북단에 거주하는 사미인이다. 북극권 한계선 내에서 러시아 및 핀란드와 북쪽 국경을 접한 노르웨이는 동쪽으로 스웨덴과 국경을 마주한 채 광활한 스칸디나비아 반도를 이루며, 남쪽으로는 덴마크를 향해 길게 뻗어 있다.

노르웨이 하면 무엇이 가장 먼저 떠오르는가? 피오르 해안과 만년설로 뒤덮인 바위산, 그리고 한밤중에 떠 있는 태양을 떠올리거나 혹은 석유를 떠올릴지도 모르겠다. 그리고 예상했겠지만, 외국인들에게 깊은 인상을 주는 이러한 지형과 기후적 특성은 노르웨이 국민의 삶에 크나큰 영향을 미치기도 했다.

영토의 크기가 영국과 거의 비슷한 노르웨이에는 겨우 529만 명이 거주하고 있고, 그중 80%가 몇 안 되는 도시 지역과 그 주변에서 살아간다. 덕분에 긴 숟가락 모양을 한 노르웨이는 인구 밀도가 낮고 신선한 공기와 자유를 사랑하는 국민이 언제든 만끽할 수 있는 훌륭한 자연경관을 자랑한다.

노르웨이 국민 중 대다수는 흰 피부와 금발, 파란 눈을 가진 유럽 인종이고 나머지 일부는 영토 최북단에 거주하는 작고 가무잡잡한 사미인(Sami, 스칸디나비아 북부와 러시아 북서부에 살고 있으며 라프인이라고도 불림-옮긴이)들이다. 사람들은 과거 약탈을 일삼던 금발의 바이킹 후손들이 부유한 국가와 높은 시민의식이 빛나는 사회를 묵묵히 일궈낸 온화하고 겸손한 국민이 되었다는 사실에 놀랄 것이다.

노르웨이는 세계 무대의 중심에서 활약하기에는 규모가 작지만 자신들만의 사고방식을 지니고 무대 뒤편에서 국가 간

평화를 중개할 뿐 아니라 공정함과 관대함의 가치를 몸소 실천하며 영향력을 행사하고 있다.

## 지형

북극권 한계선 내에서 러시아 및 핀란드와 북쪽 국경을 접한 노르웨이는 동쪽으로 스웨덴과 1,600km의 국경을 마주한 채 좁고 기다란 형태의 광활한 스칸디나비아 반도를 이루며, 남쪽으로는 덴마크를 향해 길게 뻗어 있다(노르웨이 곳곳에는 가로 폭이 8km도 안 되는 지역이 있다).

하지만 노르웨이 지형에서 가장 특징적인 부분은 다름 아닌 서해안이다. 노르웨이의 영토는 북단의 노스케이프에 서부터 햇살 가득한 남부 휴양지 크리스티안산까지 길이가 1,600km에 달한다. 하지만 서해 피오르 해안의 들쭉날쭉한 지형과 본토에서 북쪽으로 640km 떨어진 곳에 있는 스발바르 제도와 수많은 작은 섬들 때문에 해안선의 길이는 2만 1,900km에 이른다. 물론 해안은 지난 수 세기 동안 노르웨이 사람들의 삶에서 매우 중요한 역할을 담당해오기도 했다. 바이킹의 탐험부터 어업과 조선업, 그리고 오늘날 '보트 타기와 유람선 투어'를 중심으로 이루어지는 여가산업과 관광업까지 그들 삶의 중심에는 언제나 바다가 있었다.

총 면적이 38만 6,958km$^2$인 노르웨이의 영토는 유럽에서 여섯 번째로 크다. 하지만 그중 3분의 1이 북극권 내에 자리하고 있고 3분의 2는 산지여서 영토 중 극히 일부만이 농지와 삼림으로 사용하기에 적합하고, 그나마도 대부분은 남부와 서부에 몰려 있다. 내륙 농지는 주로 깊은 골짜기를 중심으로 발달했기 때문에 수많은 노르웨이 국민이 오래도록 고립된 환경에서 삶을 영위해야 했다. 산맥과 피오르 해안을 특징으로 하는 영토의 교통과 통신은 항상 불편했고, 그 문제는 21세기가 되어서야 해결되기 시작했다. 그래도 여전히 사람이 살지 않는 지역이 많고, 특히 북부와 동부에는 거주 인구가 거의 없어 노르웨이의 총 인구는 유럽 국가 중 28위에 그친다.

## 기후

많은 이들이 알래스카, 시베리아, 그린란드와 동일 위도에 있는 국가라고 하면 혹독한 겨울과 맹추위를 떠올린다. 물론 노르웨이의 일부 지역에서는 가끔 혹독한 추위를 경험할 수 있다. 하지만 북극권까지 걸쳐 있는 영토의 위치를 감안하면 노르웨이의 기후는 놀라울 정도로 온화할 뿐 아니라 다양하기까지 하다. 이러한 기후는 노르웨이 서해안을 지나는 멕시코 만류의 영향을 많이 받은 것으로, 덕분에 북극권 내에 있는 지역일지라도 비슷한 위도의 다른 나라에 비해 겨울 기온이 훨씬 온화하다.

노르웨이의 연간 일조량도 지역별로 다양하다. 북부 지방의 여름은 짧긴 하지만 한밤중에도 해가 지지 않아 밝고 따뜻하며, 때때로 기온이 30℃까지 오르기도 한다. 겨울에는 대부분 지역에 눈이 많이 내리고 전체적으로 어두운 편이다. 남서부 해안 지방에는 겨울에도 주로 비가 오기 때문에 사람들은 가끔이라도 비교적 밝은 하늘을 볼 수 있게 해주는 새하얀 눈을 매우 반긴다.

노르웨이 서해안에는 매서운 폭풍이 자주 휘몰아친다. 연간 강수량이 2,032mm에 이르는 이 지역은 여름이 선선하고 겨울은 온화하다. 베르겐의 경우 연중 200일 이상 비가 내린다.

노르웨이의 남북을 관통하는 스칸디나비아 산맥이 노르웨

| 평균 기온 | | |
|---|---|---|
| | 1월 | 7월 |
| 오슬로 | −3.9℃ | 18.3℃ |
| 베르겐 | 1.6℃ | 14.5℃ |
| 트론헤임 | −3.3℃ | 15.0℃ |
| 트롬쇠 | −5.0℃ | 11.8℃ |

| 평균 강수량 | | |
|---|---|---|
| | 1월 | 7월 |
| 오슬로 | 58.1mm | 84.7mm |
| 베르겐 | 193mm | 139mm |
| 트론헤임 | 72.3mm | 68.3mm |
| 트롬쇠 | 104.3mm | 68.3mm |

이의 동부와 서부를 나누고 있고, 넓은 동부 내륙 지역은 해안의 영향을 덜 받아 연간 강수량이 300mm에 그친다. 겨울은 춥지만 여름철이면 온화하고 쾌적한 날씨 덕분에 많은 유럽인이 오슬로의 노천카페를 찾는다.

　노르웨이의 겨울은 어느 지방이든 길고 어두울 뿐 아니라 을씨년스러워 사람들을 축 처지게 만든다. 노르웨이인들에게 겨울은 포근한 벽난로 곁에 앉아 재충전의 시간을 갖는 계절이다. 반면 여름이 되면 사람들은 활기를 되찾고 야외에서 많은 시간을 보낸다. 한 줄기의 햇살도 허투루 낭비하는 법이 없다. 3월이 되고 드디어 햇볕이 내리쬐기 시작하면 사람들은 집 뒷마당의 평상이나 테라스로 나가 편안한 등받이 의자에 기대어 앉는다. 그리고 얇은 담요를 덮고서라도 봄이 왔음을 알리는 햇볕을 온몸으로 맞이한다.

## 【 백야의 땅 】

여름철이 되면 태양이 지평선 아래로 내려가지 않는 백야 현상을 보기 위해 많은 관광객이 노르웨이의 북극권으로 향한다. 북극권의 경계선은 눈에 보이지 않지만, 연중 하루라도 24시간 동안 해가 지지 않는 지역이 북극권의 남부 한계선이다. 백야 현상을 볼 수 있는 기간은 5월 중순부터 7월 말까지이며, 북쪽으로 갈수록 백야 현상의 지속기간이 길어진다. 이 놀라운 광경 때문에 많은 노르웨이 사람들이 수면 장애를 겪기도 한다. 그리고 겨울철이 되면 북극권 지역은 24시간 내내 어두워 그에 따른 부작용도 생긴다.

| 평균 일조시간 | 1월 | 7월 |
| --- | --- | --- |
| 오슬로 | 6시간 3분 | 18시간 41분 |
| 트론헤임 | 4시간 44분 | 20시간 21분 |
| 트롬쇠 | 없음 | 24시간 |

## 【 북극광 】

북녘의 오로라로 불리는 이 놀라운 자연현상은 형형색색의 빛깔이 밤하늘 전체를 수놓아 극적인 장면을 연출하는 것으로, 북극광을 직접 볼 수 있다면 그것만으로도 노르웨이 북쪽 지방을 방문할 가치가 충분하다. 오로라는 태양에서 방출된 입자 일부가 지구 자기장에 이끌려 대기로 진입하면서 공기 분자와 충돌하며 빛을 발하는 현상으로, 공기 중의 가스를 반사해 빛을 낸다. 북극광은 트롬쇠와 핀마르크 지역에서 11월과 3월 사이 하늘이 맑은 날 가장 선명하게 관측된다.


## 역사 개관

## 【 바이킹 시대 】

최초의 노르웨이인은 기원전 1만 1000년경 계절에 따라 순록 떼와 함께 유목하던 게르만 부족이었다. 이후 약 5,000년이 지나고 정착민이 나타나기 시작했다. 기원전 500년경에는 기상 악화 때문에 유목민들도 땅을 일구고 경작을 하기 시작했다. 그러다 8세기 중반에 이르자 농경사회들이 작은 국가로 발전해나갔고, 산맥을 경계로 해서 고트족(스칸디나비아 반도에서 기원한 동부 게르만족의 일파-옮긴이)들이 각각 독립적인 왕국을 이루었다. 885년경 하랄드 하르파그리는 최초로 이 독립왕국들을 통일하는 데 성공해 노르웨이의 초대 국왕이 되었다. 하지만 그가 죽은 뒤 통일국가는 다시 해체되고 만다.

오늘날과 마찬가지로 과거 노르웨이인들의 삶에도 바다는 매우 중요한 역할을 했기에 노르웨이는 항해술과 조선술에 있어 유구한 전통을 자랑한다. 노를 저어 다니는 커다란 배를 타고 해안선 여기저기를 탐험했던 스칸디나비아인들은 8세기경에 이르러서는 바다를 항해할 수 있는 선박을 건조할 수 있었다. 경작지는 한정적이었지만 인구가 계속 증가해 식량이 부족

했던 그들은 교역의 필요성을 느꼈고, 이는 노르웨이 바이킹의 서부 원정을 이끌었다. 바이킹이라는 말은 고대 노르웨이어인 'vik'에서 온 것으로 추정되며, 이는 바다가 육지 속으로 파고 들어와 있는 '만'을 의미한다. 즉 바이킹 민족은 당시 해만 근처에 거주하던 사람들을 일컫는 말이다.

바이킹들은 영국과 아일랜드를 약탈한 것으로 악명이 높지만 그중 많은 이들은 그곳에서 새로운 정착지를 일구고 언어와 문화 형성에 많은 영향을 미쳤다. 바이킹은 또한 아이슬란드, 그린란드, 페로 제도를 식민지로 삼았다. 그리고 약 1000년경 선원이자 모험가였던 레이프 에릭손은 서부를 향해 더 뻗어 나갔고, 현재는 뉴펀들랜드라 불리는 지역에 식민지를 설립하고 빈랜드라고 불렀다.

이렇듯 바이킹 민족의 약탈 행위로 노르웨이는 전리품뿐 아니라 해외에서 얻은 새로운 기술과 지식을 통해 이득을 보았다. 또한 해외에서 데려온 많은 노예가 개간작업에 투입된 덕분에 노르웨이의 경작지도 상당히 늘어났다.

## 【 기독교의 전파 】

1015년 바이킹의 족장이었던 올라프 하랄손은 영국에서 노르웨이로 건너가 세력 기반을 쌓았다. 약 100여 명의 장정과 함께 자신의 고향인 노르웨이를 정복했고, 하랄드의 아들과 손자들의 다툼으로 분리되어 있던 고국 땅을 통일했다. 그리고 12년간 노르웨이를 평화롭게 통치하면서 최초의 중앙정부를 설립했다. '팅'이라고 불리던 의회 기관에서 각 지역을 공정하게 통치했고, 민주주의 이념을 따랐다. 올라프 하랄손은 영국에 거주할 당시 기독교로 개종했고, 노르웨이에 와서는 이교도 백성들을 기독교로 개종시키려 노력했다. 하지만 그 후에도 수 세기 동안 노르웨이에는 이교도가 팽배했다.

1028년 덴마크가 쳐들어왔을 때 국왕 올라프는 도피해야 했다. 그리고 2년 후 올라프는 나라를 되찾기 위해 군을 이끌고 왔지만 약한 군사력으로 인해 패배했고, 자신은 전사하고 말았다. 이후 약 10년 동안 노르웨이 백성들은 새로운 덴마크 왕에게 점점 더 분개했으며 나라를 위해 싸우다 전사한 올라프 국왕을 영웅으로 회고하기 시작했다. 죽은 올라프 국왕과 관련된 신비한 일화들이 백성들 사이에서 회자되자 노르웨이 교회들은 발 빠르게 나서 이러한 신화들을 퍼뜨렸다. 국왕 올라프는 결국 성인으로 추앙되었고, 그의 시신은 신비로운 일화들이 넘쳐나는 니다로스(현재 트론헤임)로 옮겨졌으며, 이는 기독교 신자들이 늘어나는 데도 일조했다.

**【 중세시대-왕권의 확립과 해체 】**

국왕 마그누스의 귀환과 함께 덴마크와 조약을 체결한 노르웨이는 11세기 내내 평화로운 가운데 경제적 번영을 누렸다. 그리고 이후 200년간 때때로 내전이 일어나기도 했지만 독립국가로서 위치를 굳건히 지켰다. 호콘 6세는 귀족과 교회를 넘어선 왕권을 확립했고 세습군주제를 도입했다. 동시기에 노르웨이는 그린란드와 아이슬란드로 영토를 확장했으며, 셰틀랜드와 페로 제도까지 지배할 만큼 국력이 신장되었다.

이 시기 동안 법과 질서가 정비되었고 유럽과 발트해 연안 국가들의 교역 연맹인 한자동맹의 노력으로 무역도 성행했다. 한자동맹에 속한 노르웨이의 타운 중 가장 중요한 곳은 베르겐이었다. 수입과 내륙 무역을 손에 쥔 상인들이 성장하면서 군주도 한자동맹과의 무역으로 벌어들이는 수입에서 걷는 세금에 더욱 의존하게 되었다.

1349년 흑사병이 노르웨이까지 퍼지면서 피오르 해안과 계곡을 따라 빠르게 번졌고, 약 3분의 2에 이르는 인구가 사망했으며, 엄청난 수의 농가가 폐기되었다. 이 때문에 노르웨이는 수년간 기근에 시달렸을 뿐 아니라 소작농에게 지대를 받던 귀족 또한 몰락하고 말았다. 지방정부는 무너졌으며, 1380년 호콘 6세가 사망하자 왕위를 쟁탈하기 위한 분쟁이 중세시대 내내 이어졌다. 이렇게 노르웨이는 독립국가로서의 위상을 잃었고, 이후 500년간 국력을 회복하지 못했다.

## 【 불안정한 연합 】

호콘 6세가 사망하자 노르웨이는 호콘 6세의 아들 올라프의 통치하에 놓이게 되는데, 그는 권력이 막강하고 영리했던 덴마크 공주 마르그레테와 연합을 맺었다. 이후 올라프가 사망하자 마르그레테 여왕은 노르웨이와 덴마크, 스

웨덴을 아우르는 3국 간 연합을 형성했고 귀족들을 설득해 자신의 어린 조카 에리크 왕을 연합의 국왕으로 선출했으며, 자신은 섭정을 시작했다. 칼마르 동맹이라는 이름은 1397년 에리크 왕의 대관식이 칼마르에서 시행되면서 붙여졌다.

1412년 마르그레테 여왕이 사망한 후에도 덴마크는 연합 권력의 중심에 있었다. 하지만 에리크 왕의 무능으로 스웨덴은 연합에서 탈퇴했고, 그가 주도했던 무참한 전쟁을 위해 과도한 세금을 지출했던 노르웨이는 빈곤에 시달려야 했다. 결국 1450년 덴마크의 귀족인 크리스티안 백작이 노르웨이와 덴마크 연합의 왕좌에 올랐다. 당시 공식 언어가 덴마크어였기 때문에 국가와 교회의 운영은 덴마크인들이 담당했고, 노르웨이는 스칸디나비아 반도에서 설 자리를 잃게 되었다.

## 【 덴마크와의 연합 】

1536년까지도 노르웨이는 덴마크의 속국에 불과했지만 그나마 철광석과 해산물, 목재 덕분에 겨우 먹고사는 처지였다. 하지만 그마저도 스웨덴과 덴마크 간에 지속적인 분쟁을 일으키는 원인이 되었으며, 계속된 약탈로 인해 황폐화한 노르웨이는 큰 고통을 받았다.

한 세기를 지속했던 덴마크의 관료주의와 독점은 1760년대 국가 간 무역 장벽이 허물어지고 나서야 막을 내렸다. 이후 나폴레옹이 유럽 전역을 휩쓸 때까지 노르웨이는 해외 무역, 특히 영국과의 무역 덕분에 번성할 수 있었다. 노르웨이

상인들은 해군에 필요한 물자를 조달하며 큰 이익을 남겼다. 덴마크와 노르웨이는 이 전쟁에서 중립을 유지했지만 나폴레옹이 영국과의 무역 봉쇄를 시행하며 덴마크를 끌어들이자 영국은 코펜하겐에 폭탄을 투하하며 보복했다. 1807년 덴마크는 영국과 스웨덴을 상대로 전쟁을 선포했고, 교역 상대를 잃은 노르웨이는 엄청나게 힘든 시기를 견뎌야만 했다.

나폴레옹이 패배하자 노르웨이는 1814년 킬 평화협정의 결과 스웨덴으로 양도되었고, 4세기 동안 이어져온 연합은 해체되었다. 노르웨이는 독자적인 의회를 유지할 수 있었지만, 내각은 스웨덴 왕에 의해 임명되었다.

## 【 스웨덴과의 연합 】

노르웨이인들은 덴마크의 속국 신세에서 벗어나자마자 스웨덴의 종속국이 되어 불행했다. 대중이 원하는 것은 독립이었다. 1814년 5월 17일 노르웨이는 오늘날까지도 유효한 헌법을 제정하며 노르웨이는 '자유롭고, 독립적이며, 분리될 수 없는 왕국'이라고 선포했다.

이렇듯 노르웨이가 자신들만의 헌법과 의회를 공인했음에도 스웨덴은 노르웨이의 국정 조치에 대한 거부권을 행사할 권리를 유지했고, 모든 외교활동은 스웨덴의 손에 달려 있었다. 하지만 노르웨이 국내에서는 국민이 자립성을 키우면서 경제적으로 성장했고 개혁도 추진했다. 또한 국가에 대한 자부심을 바탕으로 정체성을 확립해나갔고, 예술·문학·음악이 번성했다.

이러한 고무적인 현상에도 불구하고, 이 시기에는 엄청난 인구가 해외로 빠져나가기도 했다. 전체 인구는 늘었지만 농지가 부족해 식량이 충분치 못했으며 농가는 가난했다. 이와 더불어 해외에서 얻을 수 있는 다양한 기회에 관한 이야기가 널리 퍼지면서 19세기 동안 거의 절반에 가까운 인구가 북미 지역 등으로 이주했다.

## 【 분리 독립 】

19세기 말, 독립을 향한 열망은 그 어느 때보다 강렬했다. 1905년 8월 노르웨이는 국민의 압도적인 지지로 스웨덴과의 연합을 해체했고 독립적인 군주국가로 승인되었다. 덴마크 왕자인 칼이 국왕 호콘 7세로서 왕좌에 오르게 되었다. 이후 수력발전이 도입되면서 노르웨이의 자연 자원이 효율적으로 활용되었다. 자유민주적인 정부하에서 노르웨이의 산업이 발달했고 부가 쌓이면서 사회개혁도 추진할 수 있었다. 강력한 노동조합이 형성되면서 이를 대변하는 노동당이 창설되었다. 1913년에는 모든 남성과 여성이 참정권을 얻었다.

【 세계대전-중립을 원했던 노르웨이 】

제1차 세계대전이 발발했을 당시 노르웨이는 중립을 선언했음에도 불구하고 해안을 둘러싼 주변국들에 의해 피해를 보았다. 해상활동에 많이 의존했던 노르웨이는 서방 연합국가들의 해안 봉쇄와 수출 금지령 때문에

어려움을 겪기도 했다. 격렬한 해상 전투로 인해 중립국의 선박들도 예외 없이 파괴되었고, 제1차 세계대전이 끝날 무렵에는 노르웨이 상인들의 선박 중 절반 정도만이 남아 있었다.

1920년대부터 1930년대까지 서방을 휩쓴 경제 침체기에 노동당이 강력한 세력으로 부상했고, 지금까지도 노르웨이 정치권에는 노동당의 권력이 이어져 오고 있다.

노르웨이는 1920년 국제연맹에 가입했으며 평화와 군비축소 정책을 지지했다. 제2차 세계대전이 발발하면서 노르웨이는 재차 중립을 선언했음에도 불구하고, 1940년 독일의 침략을 피할 수 없었다. 국왕 호콘 7세는 런던으로 도피해 노르웨이 망명자들을 이끌고 망명 정부를 세웠다. 2016년에 개봉한 영화 〈더 킹스 초이스〉는 독일의 침공과 항복 요구에 대항한 호콘 7세의 행적을 그렸으며, 국내외 영화제에서 많은 상을 받은 바 있다.

반역자와 동의어가 되어버린 이름의 노르웨이 정치인 비드쿤 크비슬링은 나치에 의해 '총리'로 임명되었지만 나치 세력이 확장될수록 노르웨이 시민과 군사들의 저항은 거세졌고 독립운동도 활발해졌다. 당시에도 노르웨이 지형이 중요한 몫을 해냈는데, 나치가 노르웨이의 높은 산맥과 피오르 해안 때문에 전국을 통치하는 데 어려움을 겪은 것이다. 이후 독일군이 항복했을 때 국왕 호콘은 엄청난 환대를 받으며 고국으로 돌아올 수 있었다.

## 【 전후 시기 】

독일군은 항복 후 퇴각하는 도중 방화를 저지르는 등 노르웨이 북부 지방에 크나큰 피해를 남겼다. 대부분의 상선은 세계대전이 벌어질 당시 연합군에 합세해 해양 전투에 투입되었다. 이 때문에 선박의 저장품은 거의 절반가량 줄었고, 노르웨이의 전반적인 산업도 생산을 멈추었다.

아직 독립을 쟁탈한 지 얼마 되지 않았던 젊은 노르웨이는 강한 결속력으로 재빨리 복구작업을 해나갔다. 경제가 성장하고 사회 전반에서 개혁의 움직임이 일면서 복지국가의 기초를 형성할 수 있었다. 수력발전, 광산, 철강 생산과 같이 부가가치가 높은 산업은 국가가 소유하면서 자원이 풍부한 나라로 성장했고, 이와 함께 빈곤을 떨쳐내고 평등의 가치를 더욱 앞세우는 국가가 될 수 있었다. 1945년부터 1965년까지 노동당 정부는 경제계획을 수립하고 영속적인 물가 통제를 시행했다.

## 【 노르웨이의 현재 】

오늘날 노르웨이는 세계에서 가장 부유한 국가 중 하나이며 국민 모두의 삶의 질이 높다. 노르웨이인에게 있어 국민적 자부심과 정체성은 매우 중요한 가치다. 기술의 발달 속도가 빠른 현대 사회를 살아가면서도 노르웨이 국민은 여전히 전통적인 삶의 가치와 자연을 존중한다. 가족을 중요시 여기며, 작은 공동체들을 지원하고, 도시나 교외 지역에 살던 많은 이들이 시골의 오두막으로 회귀하기도 한다.

세계 무대의 전면에 나서거나 독단적으로 행동하는 일이 드문 노르웨이는 세계 평화를 위해서라면 주변국들과 협력해 중요한 역할을 맡는다. 1975년 이민자에게 문을 닫기도 했지만 1960년대에는 수많은 이민자를 받아들였고, 최근에는 많은 전문가와 망명 신청자에게 기회를 주면서 점점 더 다양한 인종들이 모이게 되었고, 규모가 큰 타운들은 다문화 사회가 되어가고 있다.

외국인의 관점에서 보면 노르웨이가 부와 아름다움을 모두 가진 나라처럼 보일 수 있지만 이곳에는 아직도 외부 세계가 모르는 다양한 매력들이 숨어 있다. 진실을 말하자면, 노르웨이인들이 이렇게 말하길 좋아한다.

## **노르웨이**의 타운

노르웨이라는 나라의 작은 영토 때문일 수도 있고, 아니면 노르웨이인들의 겸손한 사고방식 때문일 수도 있겠지만 노르웨이에서는 도시 대신 '타운(by)'이라는 명칭을 사용한다. 심지어이 나라의 수도인 오슬로조차 큰 타운(stor by)이라고 불린다. 65만 명의 인구가 살고 있고, 광역 인구가 약 150만 명에 이르는 오슬로는 분명 노르웨이에서 가장 큰 타운이다. 노르웨이의 남동부에 위치하고 오슬로 피오르의 머리 부분이기도 한이곳은 노르웨이 군주와 정부의 활동지이기도 하지만 아름다운 해안가 풍경을 간직한 매력적인 도시다. 노르웨이로 가는관문이기도 한 오슬로는 국제 해상 운송에서 중요한 역할을담당한다.

한때 노르웨이 무역의 중심지이면서 서부 해안의 수도이기도 했던 베르겐은 이제 제2의 타운이 되었다. 베르겐을 둘러싼 아름다운 항만과 7개의 산에는 28만 명의 인구가 살아가고 있다. 이처럼 아름다운 곳이긴 하지만 지형 때문에 구름 장막을 자주 두르고 있어 베르겐을 방문했을 때 맑은 날을 보기가 좀처럼 쉽지 않다! '피오르의 수도'라고도 알려진 베르겐은 도시적인 느낌과 학구적이고 문화적인 분위기를 함께 뿜내며 관광선이나 크루즈 여객선을 탄 여행객들에게도 인기가 많다.

중세 도시인 트론헤임은 노르웨이 제3의 타운이긴 하지만 이곳의 사람들은 여유롭고 삶의 속도도 비교적 느린 편이다. 1997년에 1,000주년을 기념한 트론헤임은 고대 노르웨이 의

회의 본거지였고, 스칸디나비아에서 현존하는 중세 건축물 중 가장 크고 아름다운 니다로스 성당이 있는 곳으로 매우 유명하다. 노르웨이 전역을 가로지르는 복잡한 기찻길 교차로의 바로 서쪽 중부 지방에 자리한 트론헤임은 공학과 기술 교

육의 중심지로도 명성이 높다.

노르웨이의 석유 생산 본거지인 스타방에르는 번창하는 산업의 중심지로서 남서부 해안에 자리하고 있다. 최초로 조선업이 시작되었고, 해산물 통조림산업으로도 번창한 스타방에르는 현재 유정에서 원유를 얻고 있으니 언제나 바다를 통해 부를 축적해왔다고 볼 수 있다. 13만 인구 중 거의 19%가 외국인으로 구성되어 있다. NATO 기지와 다양한 외국 석유회사들이 이곳에 자리를 잡으면서 영어는 굉장히 쉽게 접할 수 있는 외국어가 되었다. 하지만 최근 석유 가격이 급격히 하락하면서 이곳 산업은 침체기를 맞았고 경제 성장도 느리게 진행되고 있다. 2016년에는 로갈란 주의 실업률이 노르웨이에서 가장 높은 축에 들었고, 이로 인해 외국 기술자들에 대한 수요도 급격히 줄었다. 타 유럽 국가들의 경제 상황에 비하면 비교적 안정된 편에 속하지만 스타방에르에서 불었던 석유 붐도 이제 막을 내렸다고 볼 수 있다.

북극권에 자리한 트롬쇠가 '북녘의 파리'라고 불린다는 사실이 조금 의아하긴 하지만 이곳에는 지구 최북단에 위치한 대학교와 성당이 있다. 7만 5,000명의 인구가 거주하는 트롬쇠는 북부 노르웨이에서는 단연 가장 큰 타운이다.

## **정부**와 정치

노르웨이는 입헌군주제 국가다. 169명으로 구성된 의회는 비례대표제에 따라 4년에 한 번 선출되어 고정 임기를 갖는다. 정부의 결정은 국왕에 의해 공식화된 후 각 정부 부처에서 시행한다. 남성 참정권은 1898년에 도입되었으며, 여성 참정권은 1913년에 도입되었다. 투표율이 높은 편으로, 18세 이상 국민 중 약 80%가 투표에 참여한다.

노르웨이에는 20개가 넘는 정당이 다양한 정치 성향을 내세우고 도덕과 종교, 지형, 환경적 가치를 주창하며 활동한다. 물론 의회의 좌석을 차지한 정당은 일부에 불과하다. 이전에도 살펴본 바와 같이 제2차 세계대전이 발발하기 이전부터 1960년대까지 노동당이 노르웨이 정치를 이끌었다. 나라가 부유해지면서 기반시설에 대한 투자와 분배가 시작되었고, 노르웨이 정치는 중도와 우파 쪽으로 기울었다. 이는 석유로 얻게 된 부 때문만이 아니라 이민자의 증가에 따른 결과로도 해석된다.

이후 노동당 정부가 계속해서 노르웨이 정치를 이끌어왔지만 한 정당이 다수 의석을 차지하는 방식이 아닌 연합정권으로 이행하는 경향도 있었다. 2013년 재임했던 중도 좌파 정부가 중도 우파의 연합정권으로 교체되었고, 이 정권은 노르웨이의 두 번째 여성 총리인 에르나 솔베르그가 이끌었다.

## 노르웨이 석유

1960년대 북해와 노르웨이 해에서 석유가 발견되면서 노르웨

이는 석유시대로 진입했다. 1975년에 이르러 노르웨이는 석유와 가스를 수출만 하는 국가가 되었고, 오늘날 세계 10위의 원유 수출국이다. 이와 더불어 공학기술산업도 성장했다. 오늘날 약 18만 명이 직접적이든 간접적이든 석유산업에 종사하고 있으며, 이는 산업 성장이 정점에 달했던 2014년 이후로 약 20% 하락한 수치다.

노르웨이가 세계적으로 주목받게 된 이유는 아마도 이토록 이윤이 높은 산업에서 벌어들인 수입을 활용한 방식 때문일 것이다. 노르웨이는 마치 한 가정에 갑작스럽게 큰돈이 생겼을 때 일부만 쓰고 일부는 저축해두는 것처럼 분별력 있게 수입을 운용했다. 석유로 돈을 벌기 시작하면서 노르웨이는 먼저 쇠락하던 국내 산업을 일으키고 교통과 교육, 의료 체계를 개선하는 데 투자했다. 결과적으로 모든 노르웨이 국민이 혜택을 누렸으며, 삶의 질에 대한 사람들의 기준도 상당히 높아졌다. 하지만 석유보다 더 많은 양의 가스 자원을 보유하고 있음에도 불구하고 많은 이들이 언젠가는 바닥나게 될 자원을 걱정했다. 그리고 그날에 대비하는 차원에서 노르웨이는 국부 석유펀드를 운용해왔고, 현재 그 가치는 수백억 달러에 이른다.

## 유럽 내 위상

### 【 북유럽 국가 】

북유럽 국가들은 언어 및 여러 특징이 유사할 뿐 아니라 문화적으로도 많은 공통점이 있다. 그들이 함께해온 역사에 경쟁이나 다툼이 없었던 것은 아니지만 전반적으로 차이점보다는 유사한 점들이 많이 남아 있다. 1952년에는 북유럽협의회가 결성되었으며 당시 스칸디나비아의 덴마크, 스웨덴, 노르웨이, 핀란드는 아이슬란드, 그린란드, 페로 제도와의 협력관계를 공식화하며 '개별 국가로 활동하기보다는 함께할 때 더 많은 것을 이룰 수 있다.'라는 취지를 밝혔다. 북유럽협의회 회원국은 환경 보호활동과 관련한 북유럽 전체의 행동계획에 동의할 뿐 아니라 시민들 또한 서로의 국가에서 일하거나 공부할 수 있고, 까다로운 서류 절차 없이도 의료 서비스를 받을 수 있다.

## 【 유럽연합 】

여타 스칸디나비아 국가들과 달리 노르웨이는 유럽연합에 가입할 기회를 두 번이나 거절했다. 어떻게 보면 규모도 그리 크지 않은 노르웨이가 근접한 곳에 있는 서유럽 중심 시장의 혜택을 볼 수 있는데도 유럽연합에 가입하지 않는 것이 의아할 수 있다. 하지만 노르웨이는 1972년과 1994년 국민투표를 실시했고, 근소한 차이였지만 유럽연합 가입안은 부결되었다. 이러한 국민의 결정은 이득을 따지기보단 마음의 소리에 귀를 기울인 결과일 공산이 크다. 오랜 시간 동안 타국의 침략을 당해오다가 드디어 독립의 꿈을 이룬 노르웨이가 국가 주권을 그렇게 쉽게 브뤼셀 국가기구에 이양할 리 없기 때문이다. 하지만 1994년부터 노르웨이는 유럽경제협약에 서명했고, 조인국 간 자유무역뿐 아니라 취업활동도 허가했다.

노르웨이는 유럽연합에 가입하지 않았지만 지금까지 아무 문제없이 성장해오고 있다. 여전히 독립한 지 얼마 되지 않은 젊은 국가로서 독립의 기쁨을 만끽하는 모습이다. 노르웨이는 나름의 사고방식이 확고한 나라지만 그렇다고 해서 고립주의 정책을 펴지는 않는다. 노르웨이는 1945년 UN의 창립 회원국이었고, 초대 사무총장인 트뤼그베 리는 노르웨이인이었다. 노르웨이는 또한 1949년 NATO에도 가입했으며, 노동당 총리를 역임했던 옌스 스톨텐베르그는 2014년부터 2018년까지 NATO의 사무총장을 지내기도 했다.

## 【 쉥겐조약 】

쉥겐조약은 국경에서 행해지는 검문검색과 여권 검사를 점차 폐지하는 것을 목표로 한다. 이 조약에 가입한 국가들은 시민들이 자유롭게 서로의 국경을 통과하도록 하고 있다. 노르웨이는 프랑스, 독일, 스페인, 그리고 다른 스칸디나비아 국가들을 비롯한 14개국에 이어 2001년 이 조약에 가입했다. 2016년 노르웨이는 몇몇 쉥겐조약 가입국과 더불어 테러 및 국제적으로 급증한 이민 행렬에 대응하기 위해 국경통제 정책을 부활시켰다.

# 02

## 가치관과
## 사고방식

수 세기 동안 고립된 환경에서 척박한 기후를 견디며 살아온 노르웨이 사람들은 억척같이 일하고, 자급자족할 줄 알며, 속내를 잘 드러내지 않는다. 바이킹 시대부터 민주주의 원칙을 고수해온 덕분에 오늘날까지도 평등과 공정성의 가치가 존중받으며, 어떤 상황이든 대립보다는 합의를 선호한다. 독립을 갈망해온 역사로 인해 국민들은 이상적인 애국심을 지니고 있다.

수 세기 동안 험한 지형으로 인해 고립된 환경에서 척박한 기후를 견뎌내며 살아온 노르웨이 사람들은 억척같이 일하고 자급자족할 줄 알며 속내를 잘 드러내지 않는 기질을 지니고 있다. 바이킹 시대부터 각 지역 의회들이 기본적인 민주주의 원칙들을 고수해온 덕분에 오늘날까지도 평등과 공정성의 가치가 존중받고 있다. 이웃 국가들과 연합을 이루어온 노르웨이는 어떤 상황이든 대립보다는 합의를 선호한다. 독립을 갈망해온 오랜 역사 때문에 노르웨이 국민은 이상적인 애국심을 지니고 있다. 2만 1,900km에 이르는 해안선은 노르웨이인들에게 바다를 사랑하는 마음과 모험심을 심어주었으며, 위대한 경관은 자연을 향한 경외심을 불러일으켰다. 이렇듯 노르웨이 국민은 다양한 요소의 영향을 받아 자신들의 가치관과 사고방식을 정립해왔다.

## 협동

오래전부터 팀워크를 매우 중요시해온 노르웨이 사람들은 문제를 해결하기 위해 협동하는 것을 자연스럽게 생각한다. 이러한 협동정신은 노르웨이 사회에서 흔히 볼 수 있는 두그나드 dugnad를 통해 잘 드러난다.

두그나드란 어떤 기관이나 공동체에 행사가 있을 때 사람들이 자원해서 함께 힘을 모으고 일을 나누어 하는 활동을 말한다. 예를 들어 학교에서는 야외 환경정리를 하기 위해 토요일 하루 날을 잡아 두그나드를 열기도 한다. 그러면 학생이나 학부모 할 것 없이 모두가 참여해 학교 환경 개선작업에 일조한다. 지역 축구클럽의 경우 두그나드를 통해 클럽회관에 페인트를 칠하기도 하는데, 이때 선수와 가족들이 모두 함께 참여해 페인트 작업을 완료한다. 환경단체들도 두그나드를 자주 개최해 지역 시민들이 환경 보존과 정화 프로젝트에 참여하도록 고무하고, 아파트 단지에서도 매년 두그나드를 열어 주민들이 커뮤니티센터 개선작업에 함께 참여하는 기회를 마련한다.

험난한 지형과 척박한 기후 환경에서 살아가는 사람들은 언제든지 이웃의 도움이 필요할 수 있다는 사실을 잘 알고 있다. 만일 여러분이 노르웨이에서 차를 몰고 가던 중 눈더미에 바퀴가 빠져 차를 끌어내기 위해 고군분투하고 있다면 어느샌가 주변에 차를 세우고 삽을 들고 나와 바퀴가 빠진 곳의 눈을 퍼내는 노르웨이인들을 보게 될 것이다. 서로 많은 대화를 나누지는 않겠지만 그들은 여러분의 차가 다시 달릴 수 있도록 끝까지 도와줄 것이다.


## 공정성

노르웨이인은 사회의 모든 구성원이 기본적인 필요를 충족할 수 있어야 공정하다고 생각한다. 소득이 높은 사람들은 비교적 소득이 적거나 불행한 사람들을 위해 쓰일 수 있도록 많은 세금을 낸다. 복지국가인 노르웨이에서는 모두가 공정하게 교육받고, 의료 혜택을 누리며, 안정적인 삶을 보장받도록 하고 있다.

이렇듯 공정을 실현하는 모습은 노르웨이 사회 곳곳에서 쉽게 볼 수 있다. 소득과 세금에 관한 정보는 모두에게 투명하게 공개된다. 예를 들어 매년 소득 신고기간이 끝나면 소득 정보가 3주 동안 인터넷에 공개된다. 따라서 누구든 쉽게 이웃의 소득과 납세 명세를 확인할 수 있다.

# 평등

UN 인간개발보고서에 따르면, 노르웨이는 양성평등 실현에 가장 앞장서는 나라 중 하나다. 여성들은 1913년에 참정권을 인정받았으며, 1981년에는  여성 최초로 그로 할렘 브룬틀란이 총리로 선출되었다. 2018년에는 정부에서 가장 높은 총리, 재무장관, 국방장관 자리 모두를 여성이 차지하기도 했다.

이렇듯 노르웨이 사회 전반에 양성평등 이념이 뿌리내리고 있긴 하지만 여전히 의사결정 과정에서 여성의 의사가 충분히 반영되도록 하는 법안이 마련되지 않았다. 노르웨이는 세계 최초로 양성평등 옴부즈맨(평등법을 준수하고 감독할 뿐 아니라 평등법에 대한 정보를 제공하고 홍보하는 행정감찰관-옮긴이)을 선정했고, 지난 20년간 정부 인사 중 절반 정도가 여성으로 구성되었으며, 대학교 졸업자 중 60%가 여성이었다. 1987년에는 공공기관의 임원이나 위원회를 구성할 때 남성과 여성 모두 최소 40%씩을 차지하도록 규정했는데, 이는 현재 민간 부문에서도 유효하다.

노르웨이는 임산부와 워킹맘의 일할 권리 또한 법으로 보장하고 있다. 육아휴직 제도를 일찍 도입한 노르웨이는 아이가 태어났을 때 부모가 49주 동안 100% 유급 휴가 또는 59주 동안 80% 유급 휴가를 나누어 쓰도록 하고 있다. 엄마는 출산 전 3주와 출산 후 6주를 포함해 10주의 휴가를 의무적으로 사용해야 하고, 아빠도 최소 10주의 휴가를 사용해야 한다. 만일 아빠가 육아휴직의 최소 할당량을 사용하지 않으면 그만큼은 사용되지 않은 채 공제된다. 최근 조사에 따르면 약 90%의 아빠들이 12주까지 육아휴직을 사용한다고 한다.

이렇게 관대한 육아 정책 덕분에 더 많은 여성이 경력 단절을 겪지 않고 계속 일할 수 있게 되었다. 높은 여성 고용률은 노르웨이 경제 전반에 긍정적인 영향을 미쳤으며, OECD 평균 비율을 넘어서는 워킹맘의 가치는 국부 석유펀드의 총 가치와 맞먹는다.

전통적으로 남성이 맡아왔던 역할을 여성들도 많이 하게 되었다는 관점에서 본다면, 여성 버스 운전기사나 도로 공사 현장에서 일하는 여성들, 석유산업 분야에서 엔지니어로 활동하는 여성들이 눈에 들어올 것이다.

하지만 이렇게 엄청난 진전에도 불구하고 남성들은 사회에서 훨씬 더 중요한 일을 맡고, 가정과 자녀에 대한 책임은 여전히 여성의 몫으로 남아 있다. 많은 여성이 시간제 근무를 하고 워킹맘들은 가사와 육아까지 챙기느라 동분서주한다. 그 결과 여성은 남성과 동일한 교육과 훈련을 받았음에도 남성 동료만큼 충분한 사회 경험을 하지 못하고, 회사에서 큰 부담이 요구되는 높은 자리에 오르기가 힘들다.

노르웨이는 다른 많은 나라에 비해 양성평등을 잘 지켜내고 있다. 하지만 여전히 불공정한 부분이 존재하는 것도 사실이다. 여성의 급여는 남성 동료가 받는 급여의 85%에 그친다. 이러한 상황은 1980년대에도 굉장한 문제가 되었는데 30여 년이 지난 지금까지도 상황이 크게 달라지지 않았으며, 많은 여성은 해결되어야 할 문제가 아직 산재해 있다고 느낀다.


## 시간 엄수

약속 시간을 정확히 지키는 노르웨이인들은 시간 엄수를 매우 중요하게 여긴다. 이는 공정성에 가치를 두는 그들 문화의 일부이자 상대방에 대한 존중의 표현이다. 모두의 시간이 똑

같이 중요하기에 너무 일찍 또는 늦게 도착하면 배려심이 없다고 여긴다.

노르웨이에서 생활할 때 기차나 버스, 또는 페리가 조금이라도 늦게 출발할 것이라는 기대는 절대 하지 말자. 특별한 일이 없는 한 대중교통은 시간표에 따라 정확하게 운행된다.

## 인내

모든 사람의 필요가 동등하게 채워져야 한다고 믿는 노르웨이 국민은 순서를 기다릴 때도 자신의 차례가 될 때까지 인내심을 가지고 기다린다. 평등과 공정성의 가치를 높이 사는 이들은 새치기하지 않을 뿐 아니라 자신의 사정이 제일 급하다고 생각하지도 않는다.

노르웨이는 은행과 우체국을 비롯해 차례를 기다려야 하는 많은 곳에 자동 순번대기 시스템을 도입했다. 입구에 설치된 자동 순번 발급기에서 순번대기표를 뽑고, 자신의 번호가 전광판에 나타나길 기다리면 된다.

순번대기표가 공정한 순서에 따른 서비스를 보장할지는

몰라도, 빠른 서비스 속도를 장담하지는 않는다. 대기자가 아무리 많아도 서비스를 담당하는 노르웨이인들은 전혀 당황하거나 서두르는 일이 없다. 노르웨이 사람들은 자신의 속도에 맞추어 일한다. 이러한 장소에서는 외국인을 구분해내는 일이 그리 어렵지 않다. 대기자는 넘쳐나는데 두 사람 정도만 고객을 상대하고 나머지 직원들은 사무실 구석에서 여유롭게 한담을 나누는 모습을 보고 속을 끓이며 얼굴을 붉히는 사람이 있다면 그 사람은 외국인일 확률이 높다. 노르웨이인들은 아주 의연한 모습으로 자신의 차례를 기다린다. 대기 시간이 얼마가 걸리든 말이다.

## 내성적인 기질

노르웨이 사람들은 친절하고 다정하지만 야단스럽게 감정을 표현하는 일이 없다. 수 세기 동안 작고 고립된 공동체에서 생활하며 살아온 사람들은 기질적으로 내성적이다. 가족이나 가까운 친구들과는 허물없이 지내지만 낯선 이들에게 적극적으로 먼저 다가오는 법이 없으며, 몇 년간 옆집에 살아온 이웃과도 형식적인 인사만 나누는 것이 일반적이다.

노르웨이인을 둘러싼 보이지 않는 장벽을 허물 수 있는 지름길은 존재하지 않는다. 단지 시간이 걸릴 뿐이다. 미국인이나 영국인이라면 가족이나 개인사에 관한 질문을 관심의 표현 정도로 받아들이겠지만 노르웨이인들은 그러한 사적인 질문을 불편하게 생각한다.

이러한 내성적인 기질에 진지함까지 더해져 노르웨이 사람들은 지나치게 신중해보일 수 있다. 하지만 상황에 따라서는 없던 유머 감각도 선보일 뿐 아니라 파티도 즐길 줄 아는 사람들이다.


## 복지 혜택은 무덤에서 요람까지

노르웨이는 명실공히 복지국가다. 노르웨이 국민보험계획의 회원이라면 시민 (그리고 노르웨이에서 일하는 노동자) 모두가 생애 전반에 걸친 연금보장 제도와 복지 혜택을 받는다. 연금은 노령인, 장애인, 미망인, 고아들에게 지급된다. 임신과 출산, 육아, 질병, 실업, 사고, 장례를 위한 복지 혜택도 받을 수 있다. 조금 특이한 점은 집에서 아이를 돌보는 부모에게도 혜택을 준다는 점이다. 미취학 아동을 유치원에 보내지 않고 집에서 돌보는 경우 '보육 혜택' 계획에 따라 매달 7,500크로네(대략 98만 원)를 지급받게 된다.

## 부와 관대함

21세기 세계에서는 에너지가 곧 부를 의미한다. 석유와 풍력발전과 같이 자연 자원이 풍부한 노르웨이가 세계에서 가장 부유한 나라 중 하나인 것은 당연하다.

노르웨이는 석유를 통해 쌓은 부를 자국민을 위한 복지에 사용하기도 하지만 가난한 나라와 불우한 환경에서 살아가는 외국인들에게도 관대하게 사용한다. 노르웨이는 국민 1인당 대외 원조 지출액을 기준으로 전 세계 3위에 오른 바 있으며, 이 비용은 총 국민소득의 1%에 이른다. 석유를 생산하는 몇몇 개발도상국과 협력하는 '개발을 위한 석유' 프로그램을 통해 노르웨이 정부는 지속 가능한 자원 관리에 관한 전문성을 공유하고 있다.

노르웨이는 스스로 잘사는 위치에 있으면서 '도움이 필요한 이웃' 나라에 손길을 내미는 데 소홀하지 않다. 지역 교회와 학교들이 중심축이 되어 러시아 빈곤 지역과 연결고리를 마련하고 여러 지원사업을 펼친다. 옷가지와 세면도구, 장난감, 식료품 등을 정기적으로 보내곤 한다.

## 왕족

1905년 노르웨이와 스웨덴 사이의 연합이 평화적으로 해체되었을 때 노르웨이 국민은 새로 독립한 나라가 공화국이 되기보다는 군주국가가 되길 열망했다. 그리하여 덴마크 왕자가 국왕 호콘 7세가 되어 왕좌에 올랐다. 그와 영국 출신인 모드 왕비(에드워드 7세의 막내딸)는 노르웨이의 문화를 받아들이고 노르웨이를 대변하는 데 온 힘을 기울였다. '민중의 왕'이라 불린 호콘 7세는 왕족의 화려함을 많이 내려놓았다. 1940년 독일이 노르웨이를 침공했을 때는 독일의 요구를 한사코 거부했다. 나치의 부역자 크비슬링에게 권력을 넘길 수 없었던 호콘은 런던으로 피신해 망명자들과 함께 저항운동을 주도했다. 독일이 항복하자 호콘은 엄청난 환대 속에 노르웨이로 돌아왔고 군주의 인기를 다시 한 번 확인했다.

입헌군주는 실질적인 권한이 거의 없지만 국가 결속의 상징인 군주는 여러 분야에서 활동한다. 하랄 5세와 소냐 하랄센이 이끄는 오늘날의 노르웨이 왕족은 최소한의 외교 의례와 기념행사를 수행하고 있다. 그들은 두 자녀를 지역 학교에 보내는 등 가능한 한 일반 가정의 자녀와 비슷한 환경에서 키웠다. 마르타 루이스 공주는 물리치료사가 되기 위한 교육을 받았으며, 그녀와 그녀의 남동생인 호콘 마그누스 황태자 모두 스포츠에 대단히 관심이 많다.

하지만 요즘은 많은 대중이 유명 인사의 사생활에 관심이 높아 젊은 공주와 황태자의 일거수일투족이 연일 신문과 잡지에 등장한다. 이러한 현상은 2000년 호콘 황태자가 한 미혼모와 약혼했을 때 절정에 달했다. 다행히도 국가는 그러한 위기를 잘 극복했고 두 사람은 이듬해 결혼식을 올렸다. 노르웨이 국민은 2004년 잉그리드 알렉산드라 공주가 탄생하고 바로 다음 해 스베르 마그누스 왕자가 탄생하자 메테마리트 황태자비를 미래의 왕비로 받아들이는 듯 보였다.

# 신의 나라

UN 인간개발지수는 한 나라 국민의 수명, 문맹률, 교육수준, 건강, 부, 평등수준 등을 근거로 나라별 삶의 수준을 평가하는 지표인데, 노르웨이는 자주 최상위권에 이름을 올린다. 이는 노르웨이 국민이 이미 느끼는 사실을 한 번 더 증명해줄 뿐이다. 그들은 모든 사람이 평등하다는 가치를 추구하고, 절대적 가난이란 존재하지 않으며, 범죄율 또한 낮은 매우 문명화된 사회에서 살아간다. 이와 더불어 노르웨이의 자연경관은 유럽에서 가장 아름답다고 평가받는다. 다시 태어날 수만 있다면 노르웨이에서 태어나길 원치 않는 사람이 과연 있을까?

## 자연

훌륭한 자연경관은 노르웨이 사람들의 삶에서 중요한 역할을 담당하고 있으며 숲을 비롯한 산과 호수, 피오르 해안까지 야외로 나가 즐길 거리가 매우 다양하다. 노르웨이 사람들은 본능적으로 자연을 사랑하고 경외하며, 자연을 둘러싼 전통문화

에 관해 아는 것이 많다.

노르웨이 사회에서는 깨끗하고 신선한 공기를 마음껏 누리고 그 속에서 평온함과 안정을 찾는 행위가 반드시 필요하며 가치 있다고 여겨진다. 끝없이 이어지는 하이킹 루트는 (직선으로 펼치면 대략 오슬로에서 도쿄까지의 거리에 이르며) 전국 곳곳에서 찾아볼 수 있다. 여러 호수와 피오르 해안가는 배를 타거나 낚시를 하러 온 사람들로 붐빈다.

노르웨이 사람들 중 거의 3분의 1이 산속이나 해안가에 별장 또는 히떼(hytte, 나무로 된 오두막집-옮긴이)를 소유하고 있어서 주말이나 휴가철이 되면 자연 속에서 여유로운 시간을 보낸다.

사실 노르웨이 사람들은 1년 내내 자연에서 시간을 보낸다고 하는 것이 더 맞겠다. 겨울철에는 산책 대신 크로스컨트리 스키를 타고 다닌다. 그렇다면 너무 춥거나 비가 자주 내려 야외로 나가길 꺼리는 외국인 눈에는 어떤 점이 매력적으로 다가올까? 노르웨이 사람들은 날씨가 안 좋은 것이 아니라 복장이 문제이며, 날씨에 알맞은 옷을 입으면 언제든 밖으로 나갈 수 있다고 말한다.

## 모두의 권리

노르웨이 사람들은 개인의 소유물을 존중하지만 자연은 모두의 것이며 가능한 한 많은 사람이 자연을 즐길 권리가 있다고 믿는다. '통행권'이라 불리는 권리는 공식적인 법은 아니지만 누구든지 사용되지 않는 땅이 있다면 아무런 손상을 입히지 않는다는 조건으로 그곳에 들어갈 권리를 인정한다. 그러므로 외국인들이 경작되지 않는 땅에 들어가 산책을 하거나 돗자리를 펴도, 혹은 텐트를 쳐도 문제가 되지 않는다. 산딸기나 버섯을 발견하면 따 먹어도 상관없다. 겨울이 되면 원래 경작되던 땅이라도 눈으로 덮여 있으므로, 걸어서 또는 스키를 타고 지나가도 괜찮다.

하지만 통행권을 행사하는 사람이라면 토지 소유주와 사용자, 자연환경을 존중하는 마음을 가져야 할 것이다.


## 노르웨이산의 품질

노르웨이 사람들은 자국 제품과 서비스에 대단한 자부심을 지니고 있으며, 품질이 우수하다는 믿음을 갖고 있다. 하지만 임금과 세율이 높은 나라에서 생산한 제품이나 서비스의 가격은 비쌀 수밖에 없다. 만일 누군가 노르웨이 제품의 비싼 가격에 대해 불평한다면 노르웨이 사람들은 강한 자부심을 드러내며 '노르웨이산 품질'에 합당한 비용이라고 말해줄 것이다.

## **일은** 삶을 위한 수단

노르웨이 사람들은 일과 삶의 균형을 굉장히 중요하게 여긴다. 그들은 열심히 일할 뿐 아니라 생산성도 높다. 주당 근무시간은 평균 37.5시간에서 40시간 정도로, 평일 아침 8시에 일을 시작해 보통 오후 4시면 퇴근한다. 하지만 일을 중요하게 여기는 문화권에서 온 외국인들이 보기에 더욱 놀라운 것은 업무와 비즈니스를 대하는 노르웨이 사람들의 태도다.

　노르웨이 사람들은 일을 매우 신중하게 생각하지만 여가 또한 굉장히 가치 있는 활동이라고 여긴다. 근무시간을 철저히 준수할 뿐 아니라, 초과근무를 하는 것을 부정적인 시각으로 바라본다. 예를 들어 미국인이라면 오후 4시가 되자마자 사무실이 텅 비는 장면을 보고 적잖이 충격을 받겠지만,

노르웨이 사람들이 얼마나 대립을 싫어하는지는 경미한 접촉사고 현장을 보면 알게 된다. 젊은 남성 두 명이 탄 승합차가 신호대기 중이던 승용차를 뒤에서 살짝 받은 적이 있다. 그러자 두 차에 타고 있던 운전자와 동승자들은 차분하게 차에서 내려 차량 상태를 확인한 뒤 보험 정보를 주고받은 후 곧바로 보험사에 전화를 걸었다. 욕설을 내뱉거나 질책하는 말은 전혀 오가지 않았으며, 꼭 필요한 몇 마디만 나눌 뿐이었다. 그런 다음 양측 모두 차에 올라타 긴급출동 서비스가 도착하기를 기다렸다.

노르웨이 사람들은 근무시간 이후에 사무실에 남아 있는 것을 더욱 의아하게 여긴다. 업무시간이 연장된 직원은 작업속도가 느리거나 무능하다고 여기기 때문이다.

높은 세율이 초과근무를 향한 생각을 부정적으로 만들기도 했지만 여름철이 다가오면 노르웨이 사람들은 서둘러 사무실을 벗어나고자 한다. 노르웨이에서는 3주 연속으로 여름휴가를 사용할 수 있고, 6월에서 8월까지 많은 회사와 은행, 우체국이 단축업무를 시행한다. 노르웨이의 여름은 사무실에 앉아 있기에는 너무나도 짧고 찬란하다.

## 합의하는 사회

노르웨이 사람들은 본능적으로 타인과 대립하지 않으며 감정적으로 행동하지도 않는다. 누군가 남부끄러운 일을 벌이거나 목소리를 높이며 과도한 몸짓으로 의견을 표출한다면 노르웨이 사람들은 그 사람을 통제가 안 되는 멍청이라고 여길 것이다. 그들은 그러한 행동을 보며 매우 충격을 받고 불편해하며, 그렇게 행동하는 사람을 존중하지 않는다.

## 이방인에 대한 태도

노르웨이 사람들이 예의 바르고 친절하긴 하지만 외국인에게 마음을 활짝 연다고 보기는 힘들다. 자신들이 다른 유럽인보다 우월하다고 생각하는 것까지는 아니더라도 특정 인종보다 열등하다고 느끼는 경우는 결코 없다.

1975년에 이민자 입국을 금지하고부터 1994년 유럽경제협약의 회원국이 되기 전까지 석유산업 분야에 활용할 전문 기술이 없다면 외국인은 근로 허가를 받기 매우 어려웠다. 오늘날에는 노령화, (그리고 수명이 긴) 인구와 전문 기술자의 부족 문제 때문에 활발하게 외국인 전문가들을 채용하고 있으며, 그중 많은 이들이 러시아 출신이다. 이와 더불어 노르웨이는 매년 난민 수용 할당제를 준수하고 있다. 하지만 능력이 뛰어난 외국인이라 할지라도 노르웨이 회사에 취업하기란 여간 어려운 일이 아니다. 노동력이 부족한 상황에서도 웬만하면 자국민을 선호하기 때문이다. 거대 석유기업과 석유 서비스 분야는 그동안 예외적으로 외국인 노동력을 많이 받아들였지만 최근 석유 가격이 하락함과 동시에 외국인 취업률도 많이 떨어졌다.

이는 아마도 자신들이 일궈온 사회에 자부심이 강하고 국

가의 전통과 가치를 존중하는 사람들이 타문화권에서 넘어온 이민자들 때문에 변화가 생길까 걱정하기 때문일 것이다. 사실 이미 많은 노르웨이 사람이 현대 사회의 문제를 이민자들 탓으로 돌리고 있다. 노르웨이가 인권과 시민 자유권을 존중하는 관용적 국가임은 분명하지만, 외국인 혐오 감정이 점점 더 팽배하고 있으며, 이는 2015년 난민 사태와 무슬림 테러 사건 이후 더욱 악화일로에 있다. 그들은 인정하지 않을지 몰라도 소수 인종 차별 사건이 종종 보도되고 있으며, 인종 차별도 점차 심해지는 추세다. 특히 2011년 극우 연쇄 테러범 아네르스 베링 브레이비크가 77명을 살해했을 때, 그가 다문화주의로부터 노르웨이를 지키고 싶었다고 주장하면서 이민자 관련 문제는 더욱 골칫거리가 되었다.

노르웨이 사람들이 관광객이나 임시 외국인 노동자의 입국을 반대하는 것은 아니지만 전반적으로 볼 때 노르웨이를 자신들만의 국가로 지키고자 하는 경향이 있다.

수 세기 동안 주변국과 연합을 맺고, 때로는 속국이 되기도 했던 노르웨이는 이웃 나라들과 애증의 관계를 맺고 있다. 농담이나 논평 만화를 보면 아주 노골적인 캐리커처로 주변국들을 풍자한다. 핀란드인은 지나치게 술을 좋아하고, 스웨덴 사람은 나쁜 두뇌를 타고났으며, 덴마크인은 태평스럽게 '감자를 입에 한가득 넣은 채' 말해서 억양이 너무 강하다는 식이다. 하지만 북유럽 국가들은 여러 국제 문제에 관한 입장을 함께 할 뿐 아니라 결속력도 매우 강하기 때문에 이 정도의 비난으로 서로 기분이 상하지는 않는다.

03

/

# 문화와 전통

비교적 젊은 나라인 노르웨이는 정체성을 찾는 방안 중 하나로 문화와 전통을 되살리고 발전시켰다. 비록 대부분의 문화와 전통이 종교적 뿌리를 지니고 있기에 노르웨이만의 색채라고 부를 수는 없지만 나름의 방식으로 이를 기념했고 노르웨이만의 운치를 더했다. 애국심이 강한 국민들은 국가의 중요한 날이면 공공기관뿐 아니라 가정집에서도 국기를 게양한다.

현재의 국가 체계를 기준으로 볼 때 노르웨이는 비교적 젊은 국가에 속하기 때문에 지난 한 세기 동안 나라의 정체성을 구축하는 일이 매우 중요했다. 노르웨이는 정체성을 찾는 방안 중 하나로 문화와 전통을 되살리고 발전시켰다. 비록 대부분의 문화와 전통이 종교적 뿌리를 지니고 있기에 특별히 노르웨이만의 전통이라고 부를 수는 없지만 그들은 나름의 방식으로 문화와 전통을 기념했고 노르웨이만의 운치를 더했다.

빛과 햇살을 너무나도 소중히 여기는 노르웨이의 주요 공휴일과 기념일은 봄과 여름에 몰려 있다. 누가 뭐라 해도 노르웨이에서 가장 아름다운 5월에는 특히 국경일이 많다. 5월에는 일하는 사람이 아무도 없다는 말이 있을 정도다!

## 기념일

노르웨이에는 연간 10일의 법정 공휴일이 있는데, 대부분 종교와 관련된 날이다. 만일 성탄절과 같은 법정 공휴일이 주말이어도 여느 국가들과 달리 평일 중 하루를 대체휴일로 보내지는 않는다(표에서 법정 공휴일은 볼드체로 표시).

| 날짜 | 기념일 | 의미 |
|---|---|---|
| 1월 1일 | Nyttårsdag | 새해 |
| 2월/3월 | Søndag før Faste (Fastelavnssøndag) | 사순절 주일 |
| 3월/4월 | Skjærtorsdag | 성목요일 |
| 3월/4월 | Langfredag | 성금요일 |
| 3월/4월 | Påskedag | 부활절 주일 |
| 3월/4월 | 2. Påskedag | 부활절 다음 월요일 |
| 5월 1일 | Offentlig høytidsdag | 노동절 |
| 5월 8일 | Frigjøringsdag 1945 | 1945년 광복절 |
| 5월 | Kristihimmelfartsdag | 예수승천일 |
| 5월 17일 | Grunnlovsdag | 제헌절(노르웨이 국가의 날) |
| 5월/6월 | Pinsedag | 오순절/성령강림절 |
| 5월/6월 | 2. Pinsedag | 오순절/성령강림절 다음 월요일 |
| 6월 23일 | Sankthans | 여름 축제 전야 |
| 10월 마지막 날 | Bots- og bededag | 속죄와 기도의 날 |
| 10월/11월 | Allehelgensdag | 만성절 |
| 11월 | 1. Søndag i Advent | 강림절 주일 |
| 12월 13일 | Santa Lucia | 성 루치아 |
| 12월 24일 | Julaften | 크리스마스이브 |
| 12월 25일 | Juledag | 크리스마스 |
| 12월 26일 | 2. Juledag | 박싱데이 |

## 국기 게양일

노르웨이 국민은 애국심이 매우 강하다. 따라서 국가의 중요한 날이면 공공기관뿐 아니라 가정집에서도 국기를 게양한다. 국기 게양과 하강 시간을 구체적으로 정해놓은 규칙도 마련되어 있을 정도다. 아래 표에서 소개하는 국기 게양일 외에도 가족에게 특별한 의미가 있는 날에는 국기를 게양할 수 있다. 지역이나 국가에 비극적인 사건이 터졌을 때는 조기를 게양해 조의를 표한다.

| 날짜 | 국기 게양일 | 의미 |
|---|---|---|
| 1월 1일 | Nyttårsdag | 새해 |
| 1월 21일 | Prinsesse Ingrid Alexandras fødselsdag | 잉그리드 알렉산드라 공주의 생일 |
| 2월 6일 | Samefolketsdag | 사미인의 날 |
| 2월 21일 | Kong Harald Vs fødselsdag | 국왕 하랄 5세의 생일 |
| 3월/4월 | Påskedag | 부활절 주일 |
| 5월 1일 | Offentlig høytidsdag | 노동절 |
| 5월 8일 | Frigjøringsdag 1945 | 1945년 광복절 |
| 5월 17일 | Grunnlovsdag | 제헌절(노르웨이 국가의 날) |
| 5월/6월 | Pinsedag | 오순절/성령강림절 |
| 6월 7일 | Unionsoppløsningen 1905 | 1905년 연합 해체 |
| 7월 4일 | Dronning Sonjas fødselsdag | 왕비 소냐의 생일 |
| 7월 20일 | Kronprins Håkons fødselsdag | 황태자 호콘의 생일 |
| 7월 29일 | Olsokdag | 성 올라프의 날 |
| 8월 19일 | Kronprinsesse Mette-Marits fødselsdag | 태자비 메테마리트의 생일 |
| 12월 25일 | Juledag | 크리스마스 |

# **종교** 축제

【 강림절 】

강림절 기간이 겨울이라 대체로 어둡기 때문에 빛이 중요한 역할을 한다. 크리스마스 4주 전 일요일에는 강림절 촛대에 꽂힌 4개의 초 중 첫 번째 초에 불을 붙인다. 이는 세상의 빛으로 오신 예수를 나타내는 종교적 상징일 뿐 아니라 과거부터 어두운 겨울에 노르웨이를 찾은 여행자를 안내하기 위해 집집마다 창틀에 촛불을 밝히던 전통을 이어가는 것이다.

오늘날에는 강림절 기간 내내 거의 모든 가정에서 장식용 줄 조명이나 별 등으로 창문을 장식한다. 마당에는 전나무 위에 조명을 밝히고, 마을마다 랜턴을 달아 어두운 풍경을 환히 밝힌다. 사람들이 모이는 곳이면 어디든 문 앞에 (눈이 쌓여 있어도) 촛불이 타오르고 있고, 사람들은 설탕과 향신료를 넣어 데운 따뜻한 와인 글뢰그와 하트 모양의 진저쿠키를 나누어 먹는다.

【 성 루치아 】

12월 13일 초등학교 학생들은 로마 시대에 믿음을 지키기 위해 순교했던 어린 소녀 성 루치아를 기리는 축제를 연다. 하얀 옷을 입고 머리에는 반짝이는 장식을 한 어린이들이 어두운 겨울 한가운데서 빛과 믿음을 상징하는 촛불을 밝힌다. 학부모와 손님들이 학교로 초대되어 아이들이 부르는 특별한 노래를 감상하기도 한다.

## 【 크리스마스 】

9월 정도만 되면 상점에서부터 크리스마스가 다가옴을 알아차릴 수 있는 여타 상업화된 나라들과 달리 노르웨이는 12월이 되어서야 크리스마스를 맞이할 준비를 시작한다. 12월이 되면 나무를 한가득 실은 배들이 해안가에 정박하고 부둣가에는 나무를 고르려는 가족들로 붐빈다. 내륙에 사는 사람들은 나무 농장에 가서 크리스마스트리로 사용할 나무를 구매한다. 사람들은 직접 구매한 나무를 집으로 가져와 하얀 전구와 목재 장신구로 아름답게 꾸미고, 하트 모양의 진저쿠키를 구워 설탕 가루를 뿌리고 빨간 리본으로 장식한다.

현관문에는 화관을 걸어두고 정원에는 새들을 위한 곡식 한 다발을 놓아둔다. 12월 24일 저녁이 되면 가족이 모두 모여 크리스마스를 기념하는 저녁식사를 나눈다. 지역에 따라 자작나무에 불을 때서 훈제한 양고기나 구운 돼지고기 또는

가성소다에 저장해둔 말린 대구나 순록 고기를 먹는다. 후식으로는 부드러운 쌀 푸딩과 조그마한 쿠키를 먹는다. 이어 서로를 위해 준비해둔 선물을 주고받고 나면, 어린이들은 크리스마스의 요정이 다녀갔다고 믿는다. 12월 25일 또한 가족들이 함께 모여 크리스마스를 축하하는 시간을 보내고 12월 26일에는 휴식을 취한다.

북유럽 이웃 나라 사람들과 마찬가지로, 노르웨이 사람들도 이 시기에는 춥고 어두운 겨울에서 벗어나 따뜻한 나라로 떠나길 좋아한다.

## 【 부활절 】

노르웨이 사람들은 사순절 기간에 자작나무 잔가지를 구해와 깃털로 장식한다. 밖에서는 꽃봉오리가 벌어지고 연두빛 싹이 트면서 봄이 왔음을 알린다. 이들은 종교 기념일이기도 한 부활절을 5일간의 휴일로 지정해 축하한다. 이 기간에는 마지막으로 스키를 즐기기 위해 많은 사람이 자연으로 떠나기 때문에 대부분 시내가 텅텅 비는 경우가 많다. 집에 머무는 사람들은 봄맞이 대청소를 하거나 집 안 곳곳을 보수하고, 물가로 나갈 여름날을 대비해 보트를 수리한다.

## 【 예수승천일 】

부활절로부터 40일째가 되는 목요일인 이 공휴일에는 많은 이들이 봄 날씨를 만끽하기 위해 긴 주말을 보낸다.

## 【 성령강림절 】

오순절 또는 성령강림절 일요일은 예수승천일로부터 10일째 되는 날이다. 바로 뒷날인 성령강림절 다음 월요일 또한 공휴일로 지킨다. 이때도 역시 노르웨이 사람들은 봄을 즐기며 긴 주말을 보낸다.

# **비종교** 축제

## 【 새해 전야 】

노르웨이 사람들은 새해를 맞이하며 불꽃 축제를 벌인다. 큰 타운에서는 공식적인 불꽃 축제를 열기도 하지만, 대부분 가족이나 친구들끼리 모여 집 마당에서 불꽃놀이를 한다. 다른 나라들과는 달리 새해로 넘어가는 자정에 종을 울리는 행사는 하지 않는다. 사람들은 저녁 내내 불꽃놀이를 하고, 11시 반쯤이 되면 여기저기서 터지는 가지각색의 불꽃과 소리가 불협화음을 내며 밤이 깊어간다.

## 【 노동절 】

5월 1일은 유럽 전역에서 노동절을 기념하는 날이다. 이날에는 노동조합에서 노동자들의 수고를 기리며 플래카드를 들고 한 무리의 악단과 함께 행진한다. 행진이 끝나면 정치인이나 조합의 대표자 등이 대중 앞에서 연설한다.

## 【 러스-졸업을 앞둔 고등학생들의 축제 】

18세나 19세가 되면 노르웨이 학생들은 고등학교를 졸업한다.

이들은 대학교에 입학하거나 일자리를 구해 사회로 나가기 전에 마지막으로 치르는 시험을 앞두고 의무교육 기간을 채운 것을 기념하며 러스 축제를 벌인다.

러스russ라는 단어는 뿔을 제거한다는 의미의 라틴어 '코르누아 디포시투루스Cornua Depositurus'에 뿌리를 두고 있다. 노르웨이에 대학교가 없던 시절인 1700년대 고등교육을 받기 원했던 노르웨이 학생들은 코펜하겐 대학교에서 덴마크 학생들과 함께 공부해야 했다. 대학교에 등록하기 위해서는 시험을 봐야 했는데, 시험을 치르고 나면 이마에 뿔을 붙이고 선배들의 놀림을 받았다. 시험 결과를 발표하는 날, 시험에 응시한 학생들은 시험관에게 불려갔다. 만일 시험에 통과되었으면, 현명함과 '야생 동물을 내면으로 예속했다'는 의미에서 뿔을 제거했다. 그리고 스스로 학생이라고 부를 수 있는 권리를 획득했다.

러스 축제는 4월에서 5월에 자주 볼 수 있다. 학생들은 작업복이나 헐렁한 바지를 입고 기다란 줄이 달린 베레모를 쓰고 다닌다. 학생들은 전공 분야에 따라 다른 색상의 복장을 하는데, 이를테면 인문계 학생들은 빨간색, 경상계 학생들은 파란색을 입는다. 그리고 (불법일 수도 있는) 우스꽝스럽거나 튀는 행동을 할 때마다 베레모에 달린 기다란 줄에 특정 표시를 달

수 있다. 러스 축제에서 필수 용품은 바로 러스 명함으로, 개
인의 사진과 이름, 별명, 특정 주제에 관한 의견을 간략히 적어
놓는다. 그리고 만나는 사람들 모두에게 이 명함을 나눠준다.
어린이들은 이 러스 명함을 모으고 서로 교환하기도 한다.

러스 축제를 할 때 학생들은 러스용 버스나 승합차를 빌리
거나 구매해서 축제 분위기에 맞게 장식한 뒤 타고 다니는데,
주로 부모들이 많은 돈을 쓴다. 차량 외부에는 스피커와 파티
용 조명을 달고 다닌다. 버스의 경우, 사고 방지를 위해 버스
운전면허를 소지한 기사가 운전해야 한다고 법으로 정해졌다.
최근 러스 기간에 일어나는 과도한 음주와 폭력, 그리고 위험
한 행동 때문에 비판이 일기도 하지만 많은 학생이 이 주간에

는 마음껏 즐기고 시끄럽고 과격하게 행동한다. 그들의 축제는 5월 17일(노르웨이 국가의 날)에 마을 전체를 돌며 구호를 외치고 휘파람을 불며 노래하고 물을 뿌리는 러스 행진과 함께 막을 내린다. 곧 기말고사 기간이 시작되고, 학생들은 다시 평범한 일상으로 돌아간다.

【 국가의 날(제헌절) 】

5월 17일은 노르웨이 국가의 날로, 1814년 노르웨이 헌법이 제정된 날을 기념한다. 만일 여러분이 운 좋게 5월 17일에 노르웨이에 있다면 노르웨이 사람들이 다채롭고 쾌활한 방식으로 국가에 대한 자부심을 드러내는 모습을 보게 될 것이다.

모든 타운과 마을에서는 어린 학생들이 선생님이 이끄는 밴드와 함께 행진하며 축제의 시작을 알린다. 타운 주민들이 표시해둔 루트를 따라 아이들은 전통 민요를 부르고 국기를 흔들며 행진한다.

이날은 모든 시민이 각자의 개성을 살려 노르웨이의 전통 복장인 부나드bunad를 차려입는다. 전통 복장은 지역에 따라 색상과 디자인이 다양한데, 여성들은 주로 수를 놓은 모직 치마와 조끼에 보닛 모자를 쓰고, 숄을 두르거나 하얀 앞치마를 두른다. 허리춤에는 벨트나 버클 형태의 은 장신구를 달기도 하는데, 나이가 듦에 따라 장신구의 종류가 늘어난다. 남성들은 셔츠와 검은 재킷을 입고, 무릎까지 오는 바지를 입은 뒤 스타킹을 신는다.

고등학생들이 형형색색의 복장을 하고 러스 행진을 마치고 나면, 일반 시민과 교회, 축구팀, 사교단체, 그리고 밴드가 거리를 행진한다. 이날은 모든 시민이 노르웨이를 대표하며 어디를 가든 노르웨이 국기가 펄럭인다.

행진이 끝나면 아이들은 학교에 모여 다과를 나누거나 각종 행사에 참여하고, 가족들은 함께 모여 맛있는 음식을 나눈다. 노르웨이 전체가 마음껏 애국심을 뽐내는 이 축제는 모든 국민이 기쁜 마음으로 결속하는 날이다.

【 여름 축제 전야 】

여름이 절정에 달하면 노르웨이 사람들은 또 한 번 축제를 벌

인다. 남쪽 지방에서는 한밤중에도 해가 조금 보이는 날이자 북쪽 지방에서는 백야 현상이 계속되는 몇 주간 중 낮의 길이가 가장 긴 날이면 토속 신앙에서 전해져 오는 신비롭고 마법 같은 일들이 많이 일어난다고 믿는다. 이를테면 나무들이 말을 하거나 트롤이 광란의 밤을 보내며, 요정은 인간에게 장난을 친다고 말이다.

오늘날에는 이웃들끼리 모여 거대한 모닥불을 피워놓고 여름 축제를 기념한다. 사람들은 소시지를 구워 먹고, 전통 음악을 감상하며, 술도 한두 잔씩 마신다. 아이들은 마을에서 주최하는 게임이나 경기에 참여한다. 그리고 많은 사람이 배를 타고 나가 해안가를 따라 장관을 이루는 모닥불을 감상한다.

## 종교

2017년을 기점으로 노르웨이에는 더 이상 공식 종교가 존재하지 않지만 인구의 70%가 공식적으로 등록된 노르웨이 루터복음교는 국가에서 가장 큰 종교 공동체로서 헌법에서 정하는 특별 조항을 유지하고 있다. 하지만 등록된 교인 중  겨우 10%만이 예배나 교회 모임에 정기적으로 참석하기 때문에 노르웨이는 서유럽에서 가장 종교색이 옅은 나라 중 하나다. 물론 사람들은 여전히 교회에서 세례를 받고, 결혼식을 올리며, 장례도 치르지만 오늘날에는 자연과 교감하며 영성을 계발하는 이들이 많다. 교회 내에서는 남성과 여성 모두 평등한 권리를 가지며 성별에 관계없이 성직자가 될 수 있다. 누구든 종교의 자유를 보장받으며, 모든 종교단체는 등록 교인 수를 기반으로 정부자금을 요청할 권리가 있다. 루터복음교를 제외한 기타 종교단체는 인구의 5% 미만이 등록되어 있기에 그 규모가 작다. 그들에게 노르웨이 종교 정책 중 가장 큰 문제는 모든 공립학교에서 기독교 교리 문답서를 의무적으로 가르치고 있다는 점이다. UN 인권이사회에서도 이러한 행위를 비판해오고 있다. 특히 노르웨이에 무슬림 인구가 점점 늘어나면서 그들은 차별과 혐오의 대상이 되고 있다.


## **가족** 행사

### 【 세례식 】

노르웨이 전체 아기 중 절반이 조금 넘는 아기들이 교회에서 세례를 받는다. 세례식에서는 보통 두 쌍의 대부모가 선정되어 아이의 도덕적·영적 성장을 잘 인도하기로 다짐한다. 세례식 후에는 가족들이 모여 함께 점심을 먹거나 작은 파티를 열어 축하하고, 아이를 위해 준비한 선물도 전달한다.

### 【 견진 성사 】

견진 성사는 매우 중요한 행사로 14세에서 15세가 되면 치르는 의식이다. 주로 5월에 행해지는 이 의식에 참여하기 위해 학생들은 몇 주 동안 노르웨이 교회의 교리를 공부하며 선서를 할 준비를 한다. 인본주의적인 차원에서 다른 방식의 견진 성사를 택할 수 있도록 하며, 15% 정도의 학생들이 비종교적인 견진 성사를 치른다.

견진 성사는 대개 지역 교회에서 행해지며, 가족들은 행사를 기념하는 의미에서 점심 만찬을 함께 먹는다. 이날 여성들은 전통 의상인 부나를 입기도 한다. 함께 사진 촬영도 하고, 견진 성사에 참여한 학생은 선물도 받는다. 여학생에게는 주로 부나와 함께 착용할 은 장신구를 선물하곤 했는데, 요즘에는 돈이나 고가의 선물을 주는 추세다.

이 때문에 견진 성사에 대해 회의적인 의견을 내놓는 이들도 적지 않다. 학생들이 오로지 돈이나 선물을 받고 파티를 열기 위한 목적으로 견진 성사를 치르며, 교회에는 발도 들이지 않는다고 비판하면서 말이다. 이처럼 견진 성사의 종교적 의미가 퇴색한 것은 어느 정도 사실이지만 여전히 중요한 문화적 전통으로 남아 있다.

## 【 결혼 】

노르웨이의 결혼식 중 약 3분의 2가 교회에서 치러지며, 나머지는 세속 예식으로 치러진다. 흥미로운 점은, 노르웨이인은 늦게 결혼하는 편이고 점점 많은 이들이 외국인과 결혼하거나 해외에서 결혼한다는 사실이다. 하지만 혼인율은 점차 줄고 있으며 50%의 커플이 동거를 택한다. 그리고 부부 중 약 절반가량이 은혼식을 하기 전에 이혼한다. 2009년 노르웨이는 세계에서 여섯 번째, 북유럽에서는 최초로 동성결혼을 합법화했고 노르웨이 교회는 최근 동성결혼식을 인정하고 성 중립적인 언어를 사용하기 위해 기존 예배 의식을 개정했다.

오늘날에는 많은 신부가 전통 의상 대신 새하얀 웨딩드레스를 입는다. 결혼식에는 신랑과 신부의 들러리가 함께 참여하고, 축하연과 파티가 몇 시간씩 이어진다.


【 장례식 】

장례식이 있는 경우에는 지역신문에서 날짜와 시간, 장소를 알려준다. 장례식 비용 일체는 국민보험계획에서 한 번에 지급한다. 오늘날에는 본인이 정말 원하면 비종교적 장례식을 치르거나 아무런 의식 없이 화장되거나 묻힐 수 있다.

대부분 장례식은 여전히 교회에서 치러지지만, 일반 묘지나 화장터에서 비종교적으로 치르기도 한다. 이와 더불어 공식

묘지가 아닌 곳에 무덤을 만들거나 (1997년 법으로 허가한 시기부터) 화장 후 재를 산속에 흩뿌리는 사람들이 점차 많아지고 있어 노르웨이 사람들이 점점 더 인본주의를 받아들이고 있다는 사실을 알 수 있다.

# 04

## 친구 사귀기

대부분의 노르웨이인은 유년 시절을 함께 보낸 이들과 친구가 되고, 이러한 친구와 가족 중심으로 사교생활을 이어간다. 예의 바르고 친절하긴 하지만 내성적인 기질을 타고난 까닭에 감정을 겉으로 드러내는 일이 드물다. 외국인들이 초면에 어색한 분위기를 풀어보려고 개인적인 질문을 던지는 경우가 있는데, 노르웨이 사람들은 친밀하지 않은 관계에서 그런 질문을 주고받는 것을 상당히 불편하게 여긴다.

대부분 노르웨이인은 유년 시절을 함께 보낸 이들과 친구가 되고, 이러한 친구와 가족 중심으로 사교생활을 이어간다. 어린 시절에 사귄 친구들이 성인이 되어서도 관계를 이어가는 것이다. 많은 친인척이 함께 모이는 경우를 제외하면 노르웨이 사람들은 지인들과 작은 모임을 열거나 조용한 분위기에서 편안한 대화를 나누길 좋아한다.

노르웨이인은 말수가 적을 뿐 아니라 친구관계도 대체로 좁은 편이다. 예의 바르고 친절하긴 하지만 내성적인 기질을 타고난 까닭에 감정을 겉으로 드러내는 일이 드물다. 외국인들이 초면에 어색한 분위기를 풀어보려고 개인적인 질문을 던지는 경우가 있는데, 노르웨이 사람들은 친밀하지 않은 관계에서 그런 질문을 주고받는 것을 굉장히 불편하게 여긴다.

노르웨이인이라도 외국 생활을 오래 했거나 석유산업에 종사하며 다국적 기업에서 근무하는 사람들은 조금 더 적극적인 자세로 타인을 대하지만, 일반적으로 노르웨이인과 친구가 되려면 긴 시간이 필요하다는 사실을 알아야 한다. 속내를 잘 드러내지 않는 노르웨이 사람과의 장벽을 허물기 위해서는 신뢰를 얻는 과정도 필요할 것이다. 여기에서 긴 시간이라고 하는 기간은 몇 달이 아닌 몇 년이 될 수도 있다.

## • 긴 시간이 필요하다 •

한 영국 여성이 노르웨이 남성과 결혼해서 30년 이상을 노르웨이에 살았다. 어느 날 누군가 문을 두드려 나가 보니 옆집에 사는 사람이 서 있는 것이 아닌 가! 17년 동안 간단한 눈인사만 주고받던 이웃은 급하게 전화를 써야 하는 사정이 생겨서 찾아온 것이었다. 그날 이후 영국인과 이웃의 관계는 진전되었고, 이후 17년 동안은 목인사와 함께 '좋은 아침입니다(God morgen)'라는 말을 주고받는 사이가 되었다고 한다.

## 일과 사교생활

노르웨이인은 일과 여가를 확실하게 구분한다. 근무를 마친 후 동료와 함께 한잔하러 가거나 저녁식사를 하는 일은 드물다. 노르웨이 업무 문화에서 팀을 구축하고 동료와 친분을 쌓는 일이 중요하긴 하지만, 이러한 활동은 비교적 격식을 갖추어 진행되는 편이다. 많은 노르웨이 기업에는 스포츠와 사교 클럽이 있고 다양한 이벤트를 제공한다. 매년 열리는 크리스마스 파티는 예외지만 이러한 이벤트에는 주로 배우자나 동반자 없이 직원들만 참가한다.

대표적인 이벤트로는 야간 스키장 방문, 여름 바비큐 파티, 보트 타기, 호텔 식사 등이 있다. 또 다른 이벤트로는 미스터리 투어가 있는데, 직원들이 업무를 마치면 어디로 향하는지 모르는 전세버스를 타고 도착지에 내려 함께 밥을 먹거나 주최측에서 준비한 활동을 하는 것이다.

물론 이러한 활동을 하며 동료들과 즐거운 시간을 갖기도 하지만 업무활동의 연장선상에서 친구를 사귀지는 않는 편이다. 노르웨이인은 공식적인 근무지를 벗어난 사적인 영역에서 친구를 만나고 사귀는 것을 선호한다.

노르웨이인의 사교생활은 대부분 스포츠 활동과 여가생활 중심으로 이루어지며, 특히 야외에서 할 수 있는 활동이 인기가 많다. 이러한 활동을 제공하는 스포츠센터나 클럽 또는 기관에 가입하면 비교적 격의 없는 분위기에서 노르웨이 사람들을 만날 수 있다.

## 인사법

노르웨이 사람들은 짧고 간단하게 인사를 나눈다. 아침에는

'굿모렌god morgen'이라고 하기도 하지만 제일 흔한 인사말은 '하이hei' 또는 '하이하이hei hei'다. 헤어질 때는 '하데브라ha det bra'라고 하며, 주로 '하데ha det'라고 짧게 발음하는 이 인사는 문자 그대로 'have it good,' 즉 잘 지내라는 의미를 지닌다.

노르웨이 일상에서는 영어의 'please'에 해당하는 말을 할 상황이 거의 없긴 하지만 '탁takk'이라고 하면 양해를 구하거나 감사하다는 표현이 된다. 노르웨이에서 어디를 가나 들을 수 있는 말은 '베르 소 구vær så god'로, 특히 식당이나 가게에서 자주 쓰는 말이다. 이는 양해를 구하거나 고마움을 표시할 때, 다양한 상황에서 예의를 표하는 말로 쓰이는 표현이다.

노르웨이에서는 어르신을 부를 때를 제외하고는 '미스터'나 '미시즈' 혹은 '미스'를 거의 붙이지 않는다. 성보다는 이름을 부르는 것이 일반적이다. 업무 중이든 사교 모임에서든 누군가를 처음 만났을 때는 악수를 하며 서로 통성명을 한다. 의사나 치과의사 또는 법조인이라면 자신의 이름에 직업 명칭을 붙여 소개할 수도 있다. 서로 통성명을 하고 인사를 나누는 상황에서는 시선을 마주치는 것이 매우 중요하다.

# 접대

만일 여러분이 운 좋게 노르웨이 가정에 초대를 받았다면 상대방의 성의를 가볍게 여기지 않도록 주의해야 한다. 비교적 일상적인 '커피와 케이크' 타임이나 여름 바비큐 파티, 혹은 '따뜻한 와인과 진저쿠키'를 나누는 자리에 초대받았을 수도 있지만 주로 저녁식사에 초대받는 경우가 많다.

초대받은 손님은 간소한 선물을 준비한 후 시간에 딱 맞게 도착하는 것이 좋다. 선물은 꽃이나 작은 화분 또는 초콜릿 등이 가장 일반적이다. 와인도 좋아하긴 하지만 술과 관련된 노르웨이의 규정 때문에 그리 흔한 선물은 아니다. 주류 판매 가능 시간을 법으로 철저하게 정하고 있기도 하지만 와인과 증류주 같은 술은 국가에서 지정하는 가게에서만 판매할 수 있다. 따라서 교외에서는 와인 가게를 쉽게 찾기도 힘들고, 주류에 붙는 세금도 굉장히 비싸서 와인을 선물하기란 그리 간단하지가 않다. 하지만 해외에 자주 다니는 외국인이라면 세계 최대 규모의 입국 면세점이 있는 오슬로 가르데모엔 공항에서 와인 한 병을 사두었다가 초대해준 집에 선물로 가져가길 추천한다. 그들에게는 더없이 값진 선물이 될 것이다.

노르웨이 가정에 초대받았을 때, 초대장에 기재된 시간에 정확히 도착하는 것을 잊지 말자. 초대한 가정에서는 그 시간에 맞추어 저녁식사를 준비하기 때문이다. 물론 도착했을 때 바로 저녁을 먹지 않고 차나 음료를 마시며 대화를 나눌 수도 있지만 이는 노르웨이의 관례가 아니며, 식사 전 대화를 그리 오래 나누지도 않을 것이다. 이내 식사 자리로 안내를 받게 될 것이기 때문이다.

주요리로는 예외 없이 육류가 나온다. 생선 요리가 건강에 좋다고 알려지면서 주요리로 생선을 먹는 나라도 많아졌지만 노르웨이인들은 아무리 근사한 생선 요리라 해도 과거에 삼시

세끼를 생선만 먹던 시절이 떠올라서인지 외식을 하거나 손님을 접대할 때는 좀처럼 생선 요리를 택하는 법이 없다.

식사할 때 요리들이 나오면 식탁에 앉은 순서대로 돌아가며 먹을 만큼만 자신의 접시에 담아야 한다. 음식을 남기면 요리를 준비한 이에 대한 예의가 아니므로 욕심을 내어 음식을 많이 담지 않도록 하자. 또한 노르웨이의 접대 관습에 따라 모두가 충분히 먹은 후 한 그릇 더 먹을 수 있도록 해야 하기에 준비한 음식을 모두 덜어가지 않는 게 좋다. 음식이 부족해 보이면 주인은 당황할 것이다.

사교 모임의 저녁식사 자리에서는 건배 또한 중요하게 여겨진다. 노르웨이인들은 서로를 향해 잔을 기울이며 '스콜skål'이라고 외치고, 먼저 식사 자리를 마련한 주인과 시선을 맞춘 후 함께 식사하는 이들과 차례로 시선을 맞춘다.

조금 더 규모가 큰 행사나 축하파티에서는 건배뿐 아니라다 함께 노래를 부르기도 하고, 대표로 연설을 하는 사람도 있다. 주최자는 유명한 노래나 전통 민요를 상황에 맞게 개사해 초대받은 손님들에게 나누어준다. 가사는 주로 재미있거나 감성적인 내용으로 되어 있으며, 행사 참석자들과 관련된 내용이기 때문에 모두가 열정적으로 노래한다.

저녁식사가 끝나면 조금 더 편안한 자리로 옮겨 커피와 함께 초콜릿이나 작은 쿠키를 먹거나 식후 음료를 마시며 이야기를 나누는 것이 관례다.

## 매너

노르웨이는 특별한 격식을 차리지 않고 계급사회도 아닌 것처럼 보일 수 있지만 어르신과 전통에 대한 예의, 환경을 존중하는 마음은 굉장히 중요하게 여긴다.

약속 시간에 너무 일찍, 혹은 너무 늦게 도착하지 않도록 시간을 지키는 것은 사적인 관계에서든 비즈니스 관계에서든 상대방에 대한 기본 예의다. 집으로 초대를 받았을 때는 작은 선물을 준비해 감사의 마음을 표시하고, 이후 손편지나 전화 혹은 이메일로 한 번 더 감사의 마음을 전하도록 하자. 누군가를 다시 만났을 때는 '탁 포 시스트takk for sist'라는 인사로 지난 시간에 대한 감사의 마음을 한 번 더 전하면 좋다. 어린이들은 식사를 마친 후 잘 먹었다는 인사로 '탁 포 마튼takk for maten'이라고 말한다.

앞에서도 언급한 적 있지만 노르웨이 사람들은 초면일 경우 매우 형식적인 대화만을 나눌 뿐이다. 따라서 초면에 개인적인 이야기를 꺼내는 것은 적절치 못하며, 가볍고 일상적인 주제로 대화를 이어가는 것이 좋다. 노르웨이의 훌륭한 자연 경관을 칭찬하거나 방문하고 싶은 장소에 관해 물어본다면 자연스럽게 대화를 이어갈 수 있을 것이다. 남자들 사이에서는 스포츠와 관련된 주제도 좋은 이야깃거리가 될 수 있다.

노르웨이인은 신문 애독자이므로 (국내와 세계) 정치를 주제로 삼아 토론하는 것도 좋아한다. 다만 높은 물가에 관해서는 언급하지 않도록 하자. 노르웨이 사람들은 물가에 관해서라면 귀가 아프도록 들어왔기 때문이다.


## 선물

노르웨이 가정에 초대를 받았을 때 꽃이나 초콜릿 같은 작은 선물을 꼭 준비해야 하지만, 노르웨이 사람들은 선물에 그리 많은 돈을 쓰지 않는다. 생일이나 크리스마스가 되면 친구들끼리는 선물을 교환하지만, 직장 동료의 (나이 뒷자리가 0이 되어 케이크에 초를 꽂고 축하파티를 하는) 특별한 생일이 아닌 이상 동료와는 선물을 주고받지 않는다. 하지만 누군가 결혼을 하면 직장 동료들이 돈을 모아 선물을 사주기도 한다.


## **의복** 생활

여러분이 만일 노르웨이의 은행이나 관공서에 처음 방문했다면, 티셔츠에 청바지를 입고 고객을 상대하는 직원들을 보고 조금 놀랄지도 모르겠다. 노르웨이 사람들은 직장에서도 청바지나 티셔츠, 스웨터와 같은 편안한 옷을 입는다. 관리자들은 조금 더 격식을 차려 면바지나 셔츠를 입기도 한다. 비즈니스 미팅을 할 때는 편안한 외투를 걸치거나 아주 중요한 미팅이라면 넥타이를 매기도 하지만 아래위로 정장을 차려입는 경우는 절대로 없다!

의사나 치과의사, 간호사들은 헐렁한 작업복을 입거나 편안한 일상복을 입고 양말과 앞이 막힌 슬리퍼를 신는다. 특히 겨울철에는 많은 이들이 샌들이나 실내화 대신 야외용 운동화를 신고 일하기도 한다.

노르웨이 사람들은 '날씨가 안 좋은 것이 아니라 복장이 문제'라는 말을 자주 한다. 최신 기술로 제작된 방수 바람막이 외투와 운동화는 여러분의 노르웨이 생활을 새롭게 만들어줄 것이다. 하지만 겨울철에는 모직으로 된 옷을 기본적으로 갖추어 입는 것이 좋다. 아름다운 자연경관을 마음껏 즐기려면 짧은 여름철로는 충분하지 않기 때문에 추위에 대비할 수 있는 옷을 갖추어 입어야 한다.

노르웨이인은 계절에 알맞게 옷을 입는데, 특히 겨울철에는 모자가 필수다. 만일 추운 겨울날 어린아이에게 모자를 씌우지 않고 밖에 나갔다가는 지나가는 노르웨이 할머니가 "아이가 모자를 써야죠."라고 한마디할 것이다.

이렇듯 노르웨이 사람들은 평소 편안한 옷을 즐겨 입기 때문에 크리스마스 파티처럼 특별한 행사에 갈 때만큼은 격식에 맞게 차려입는 것을 좋아한다. 남성들은 어김없이 셔츠에 넥타이를 하고 어두운 색 정장을 차려입을 것이고, 여성들은 파티용 장신구를 단 짧은 검정 드레스를 선호한다.

# **언어** 배우기

오늘날 노르웨이 아이들은 학교에 입학하자마자 영어를 배우고, 영어권 국가에서 수입한 TV 프로그램과 영화를 보며, 영어로 된 노래를 듣는다. 또한 인터넷 덕분에 영어에 많이 노출되며 자란 젊은 세대는 영어 구사력이 상당히 유창한 편이다. 사실 나이가 아주 많지 않다면 대부분이 기본적인 영어 구사력을 갖추고 있으며, 외국인과 마주했을 때는 흔쾌히 영어를 사용한다.

노르웨이인이 자국어를 대하는 자세는 현실적이다. 노르웨이어를 사용하는 인구가 529만 명에 불과하므로, 세계와 소통하기 위해서는 외국어를 배우기 위해 노력해야 한다는 사실을 잘 인지하고 있다. 제2외국어로 프랑스어를 가르치는 학교도 많긴 하지만, 보통 독일어를 제2외국어로 본다. 겨울철이 되면 유럽 남부를 비롯해 따뜻한 나라로 여행을 떠나는 노르웨이 사람들은 여행지에서 영어로 소통하는 데 별 문제가 없다.

하지만 일정 기간 노르웨이에 거주하며 노르웨이 사회의 일원이 되고자 한다면 노르웨이어를 배우는 것이 좋다. 규모가 큰 타운에 가면 국가에서 난민과 난민의 가족, 외국인 배우자를 위해 무료로 제공하는 언어 수업을 들을 수 있다. 그 외 외국인들은 국가 및 개인이 운영하는 언어 수업을 유료로 들을 수 있다.

노르웨이어를 배우는 외국인 학생들이 겪는 가장 큰 문제는 노르웨이어를 연습할 상대를 찾기가 어렵다는 것이다. 가게에 가든, 은행이나 우체국에 가든, 매우 친절한 노르웨이 사람들은 더듬더듬 노르웨이어로 한 질문에 완벽한 영어로 답해주기 때문이다!

노르웨이의 석유생산직에서 일하던 한 영국인 엔지니어는 노르웨이어를 배우기 시작하면서 언어를 연습할 새로운 방법을 고안해냈다. 바로 자신의 안전모에 '저는 노르웨이어만 사용합니다.'라고 써서 다닌 것이다.

## 클럽과 동호회 가입

노르웨이에는 클럽과 동호회, 협회들이 아주 많다. 실내외 활동 및 스포츠 활동을 할 수 있는 다양한 클럽 중 몇 가지를 소개하자면 축구, 궁도, 소총 사격, 크로스컨트리 스키, 무술,

달리기 클럽 등이 있다. 국가에서는 야외활동을 적극적으로 후원하고 있으며, 매우 작은 마을에도 투광 조명등이 설치된 실외 경기장이 갖추어져 있다.

(교회와 일반) 합창단 활동을 하는 사람도 많고, 자수 놓기나 노르웨이풍 가구 및 장식 제작rosemaling처럼 민속예술을 계승하는 활동도 인기가 많다. 노르웨이 사람들은 전문가협회나 기관활동에도 열심히 참여하는데, 이러한 단체들은 주기적으로 세미나를 열기도 한다.

아이를 키우는 가정에서는 지역 학교를 중심으로 조직을 구성하거나 학교 밴드나 스포츠팀을 위해 모금을 하기도 한다.

## 외국인 모임

외국인들이 꽤 많이 거주하는 타운에서는 고향 사람들을 만나고자 하는 외국인들을 위해 좋은 기회를 제공한다. 외국에 거주하는 미국인 여성의 모임인 FAWCO 오슬로 지부나 석유 산업에 종사하는 외국인 기술자들의 배우자 모임과 같이 규모가 크고 공식적인 기관은 자체적으로 정기모임과 행사를 주관한다. 그 외에도 특정 나라 출신의 외국인들끼리 모이는 비공식 모임도 많이 있다. www.expatriates.com이나 각 나라의 대사관 웹사이트 혹은 특정 국가의 언어로 발행되는 지역 신문에서 모임과 관련된 정보를 얻을 수 있다. 오슬로, 베르겐, 트론헤임, 스타방에르, 산네피오르에 있는 국제학교나 영국 학교를 비롯해 영국 성공회 교회나 국제교회는 영어를 사용하는 외국인들이 특히 많이 모이는 장소다.

# 05

## 가정생활

노르웨이인 삶의 중심에는 가족이 함께 생활하는 집이 있고, 집에 대한 애착이 강한 만큼 집을 가꾸는 데도 열심이다. 세련되고 깔끔한 집이든 전통 가옥의 모습을 한 집이든 집을 가꾸는 데 있어 최우선시하는 점은 안식처와 같은 편안함이 느껴지도록 하는 것이다. 많은 가정에서는 효과적으로 열을 내는 장작 난로로 따뜻한 겨울을 난다. 따라서 시골이나 교외의 대부분 주택 마당에서는 장작더미나 통나무를 흔히 볼 수 있다.

# 삶의 질

노르웨이 사람들은 훌륭한 자연경관을 매우 중요하게 여기고 가능한 한 많은 시간을 야외에서 보내길 원하지만 그들 삶의 중심에는 가족이 함께 생활하는 집이 있고, 그 집 또한 열심히 가꾸고자 한다. 세련되고 깔끔한 집이든 전통 가옥의 모습을 한 집이든, 집을 가꾸는 데 있어 최우선시하는 점은 안식처와 같은 편안함이 느껴지도록 하는 것이다.

효과적인 단열재를 사용해 혹독한 겨울에도 따뜻하게 보낼 수 있도록 지은 현대식 주택은 대부분 오픈 플랜식(건물 내부가 벽으로 나뉘지 않는 구조-옮긴이)으로 지어져 내부에서 온기가 잘 순환하도록 한다. 많은 가정에서는 효과적으로 열을 내는 장작 난로를 사용해 따뜻한 겨울을 난다. 시골이나 교외의 대부분 주택 마당에서는 장작더미나 통나무를 흔하게 볼 수 있다.

노르웨이에는 수력 전기가 풍족해 가정에서 요리할 때나 난방을 할 때 전기를 사용한다. 바닥난방이 매우 일반적이며, 특히 집 안의 복도나 욕실, 세탁실에는 바닥난방을 한다.

사람들은 점점 더 정원을 집의 연장선으로 인식하고 있으며, 여름철 해가 길어지면 정원에서 바비큐 파티를 열기도 한다. 긴 겨울이 가고 봄이 되면 정원에는 설강화가 피고 샤프란, 수선화, 튤립이 차례로 피어난다. 봄 향기를 맡기 시작하면 사람들은 곧바로 정원 정비작업을 시작한다. 정원을 아름답게 가꾸면서 5월 17일 노르웨이 국가의 날을 대비해 빨간 튤립을 넉넉히 심는다.

노르웨이인은 집에 대한 애착이 강하다. 영국 출신의 세 여인이 노르웨이로 시집와 20년 이상을 살면서 비슷한 경험담을 공유했다. 집 청소를 제대로 하지 않아 싫은 소리를 자주 들어온 것이다. 노르웨이의 시어머니는 어떻게 집을 청소하고 '씻어야 하는지vask' 구체적인 지침을 알려주었다고 한다!


## 햇살이 가득한 집

겨울이 길고 어두운 나라에 사는 사람들이 어떻게 해서든 집 안에 햇살이 잘 들게 하려고 노력하는 것은 당연하다. 효과적으로 열을 차단하는 삼중유리가 개발되면서 노르웨이 사람들은 집을 지을 때 되도록 거실 중앙에는 큰 창을 두거나 아예 거실 벽 전체를 유리창으로 설계한다. 건물들이 빽빽하게 들

어서 창문 너머로 다른 집이 들여다보이는 도시 지역이 아니라면 노르웨이 사람들은 웬만해서는 커튼을 치는 법이 없다. 비싼 돈을 주고 최고급 천으로 맞춘 커튼이라도 장식용으로 존재할 뿐이다.

노르웨이 사람들은 천장의 밝은 조명보다는 은은한 램프 몇 개를 두거나 벽 조명을 선호한다. 촛불 또한 조명 장치로서 사랑받고 있으며 상점에 가면 예쁜 양초들을 많이 볼 수 있다.

겨울철, 특히 크리스마스 주간이 시작되는 강림절이 되면 집 외부에도 촛불을 밝혀 손님들을 환영하고, 창문에는 어두운 세상을 밝히는 빛을 상징하는 줄 조명과 별 모양 전구를 달아둔다.

## **주거** 환경

노르웨이 국민의 62% 이상이 자신의 집을 소유하고 있으며, 15% 이상이 협동조합이나 유사 방식의 조합원으로서 주택이나 아파트를 소유하고 있다. 25%에 약간 못 미치는 사람들은 집을 임차해 거주하고 있으며, 부동산 시장에서 집을 사는 데 문제가 있거나 특별한 사정이 있는 일부 사람들은 지역에서 자체적으로 제공하는 집에 거주하기도 한다.

오슬로와 같은 광역 도시권에 사는 사람들의 거주 형태는 다른 지역과 차이가 있다. 전국적으로 인구의 23%만이 아파트에 사는 반면, 오슬로에는 거주자 중 62%가 아파트에 살고 있다. 규모가 큰 지역일수록 주택이나 아파트가 협소한 편이지만 유럽 전체를 기준으로 볼 때 노르웨이 사람들의 거주지는 공간이 넓은 편에 속한다.

기존 주택의 50% 이상이 1970년 이후에 지어졌기 때문에 노르웨이의 주택은 거의 현대식이라고 볼 수 있다. 석유산업이 발달한 스타방에르와 근교 지역에서는 엄청나게 많은 부동산이 거래되면서 비교적 작은 세미–디태치드 하우스(주택 두 채가 붙어 있는 형태의 건물–옮긴이)나 테라스 하우스를 소유한 젊은 사람들도 부동산으로 많은 돈을 벌었다.

노르웨이 인구의 약 3분의 2는 단독주택에 거주한다. 일반적으로 주택은 3층으로 이루어져 있고 반지하 형태의 가장 아래층은 세탁실, 놀이방, 게스트 룸, 사우나 등의 용도로 활용한다. 평수가 넓은 주택의 경우는 반지하를 침실이 따로 있는 플랫이나 스튜디오식 원룸으로 개조하기도 한다. 이렇게 분리된 공간은 추가수입을 위해 세를 주거나 조부모 혹은 결혼한 자녀가 들어와 살기도 한다.


## **주택**과 풍경

규모가 큰 타운에서는 석조 또는 벽돌로 지은 아파트를 흔히 볼 수 있지만, 노르웨이의 전통적인 주택은 목조 건물이다. 가파르게 경사진 지붕은 눈이 쌓이는 것을 방지한다. 풀로 만든 과거 주택의 지붕은 추운 겨울에도 온기를 유지하고, 많은 눈에도 덜 취약했다. 당시에는 염소들이 언덕 모양의 지붕에 올라 풀을 뜯는 모습도 볼 수 있었다고 한다. 오늘날에는 광택이 나는 지붕용 타일을 사용해 눈이 쌓이지 않고 아래로 떨어지도록 한다.

　노르웨이에는 직접 집을 짓는 사람들이 많다. 젊은 부부들은 (자금이 된다면) 자신들이 꿈꾸는 집을 짓는 동안 아파트를 임차해 살기도 한다. 이들은 친구들이나 가족들의 도움을 받아 많은 일을 직접 해내고, 다음번에 친구나 가족이 집을 짓게 되면 도움을 손길을 나눈다. 빼어난 자연경관을 자랑하는 나라이기에 사람들은 경치가 좋은 곳에 집을 짓고자 한다. 특히 해안가 풍경을 감상할 수 있는 위치에 있는 집들이 인기가 많은데, 다행히 많은 이들이 이러한 아름다운 경치를 감상하며 살아간다.

# 별장

많은 노르웨이 사람들이 시골 오두막이나 히떼와 같은 별장을 소유하고 있다. 주로 산속이나 해안가에 지어진 별장에서 노르웨이인들은 일터와 복잡한 세상에서 벗어나 휴식을 취한다. 만일 여러분이 이러한 별장으로 초대받게 된다면, 자연 속 피난처로 가는 기회를 영광으로 생각하길 바란다.

히떼의 경우 과거 세대가 살던 집이나 농장 건물이 집안 대대로 전해져 내려온 것도 있고, 다른 사람에게 구매하거나 아예 새로 짓는 경우도 늘어나고 있다. 이는 자연으로 돌아가고

자 하는 노르웨이 사람들의 열망을 잘 보여준다.

히떼에 갖추어진 시설들은 천차만별이다. 어떤 사람들은 매우 신중한 마음가짐을 하고 자연으로 돌아간다. 과거 오두막에는 수돗물이 없어 사람들은 우물을 사용했고, 대소변도 자연 속에서 해결해야 했다! 이런 사람들은 히떼를 있는 모습 그대로 두고, 편의시설을 설치하지 않는다. 그리고 별장에 식기세척기, 샤워기, 수세식 변기, 난방시설 외 여러 호화스러운 설비를 갖추는 사람들이 점점 많아지는 세태를 비판하곤 한다.

## 부동산

앞에서 언급한 바와 같이 노르웨이 국민 중 다수가 자가를 소유하고 있다. 노르웨이에 거주하게 된다면 임차를 하든 매매를 하든 부동산 시장에 대해 알아봐야 할 것이다. 주로 은행과 연결된 부동산중개소에서 부동산 매매와 임대차업무를 본다. 부동산중개소 사무실이나 지역신문, 인터넷에서 부동산 광고를 확인할 수 있다. FINN.no는 가장 많은 사람이 이용하는 부동산 사이트로, 처음부터 이곳을 알아보는 것도 좋다.

최근 부동산 가격이 급등하면서 여러 가지 문제가 생겼는데, 특히 첫 집을 장만하려고 하는 사람들에게 부담이 되고 있다. 오슬로나 베르겐과 같이 큰 타운에서는 집값에 웃돈이 붙어 거래될 뿐만 아니라 구하기도 힘들다. 물론 시골의 집값은 상대적으로 저렴한 편이다.

임대주택의 경우 비치된 가구가 없는 곳도 있지만 일반적으로 가구가 갖추어져 있으며, 임대인들은 장기간 임차인을 선호한다. 3개월 치의 임차료를 보증금으로 내고 월세는 한 달 치를 미리 낸다. 이사를 들어갈 때는 임차인과 임대인이 물품 목록을 확인하고 서명을 한다. 이사를 나가기 전, 노르웨이 사람들은 집을 깨끗하게 관리한다는 사실을 반드시 기억하자. 만일 집이 깨끗하지 않고 손상된 곳이 있다면 주인이 청소 비용을 요구할지도 모른다. 이러한 이유로 노르웨이에서는 이사를 나갈 때 청소 서비스를 불러서 말끔하게 정리해두는 것을 추천한다.

주택을 담보로 은행 대출을 받아 집을 사기 위해서는 20% 정도의 착수금이 필요하다. 개인적으로 집을 보러 가는 경우는 드물다. 집을 내놓은 주인은 부동산 감정사의 평가를 비롯해 여러 정보가 취합되면 예상 구매자를 초대해 집을 보여준다. 집을 둘러본 후, 정말로 집을 구매할 의사가 있다면 이름과 연락처를 남기고 오면 된다. 이후 입찰일이 결정되면 연락이 오고, 짧은 입찰을 통해 구매자가 정해지면 집은 팔린 것이 된다. 집값의 2.5%를 내면 공식적으로 구매등록이 되고, 인지세는 별도로 내야 한다.

## **가족**의 형태

노르웨이의 평균 가족 규모는 점차 줄어드는 추세다. 2017년에는 가구당 평균 인원이 2.2명으로, 2.3명이었던 2001년과 3.3명이었던 1960년에 비해 점차 줄어들고 있다. 오늘날 대다수 가정에는 한두 명 혹은 세 명의 자녀가 있으며, 과거의 대가족 형태는 거의 사라졌다고 보면 된다.

20대 이상 인구 중 60%는 커플이 함께 살고 있으며, 그중 대다수가 결혼한 부부다. 25%만이 동거를 하는 사이지만 나이별로 구분했을 때 젊은 층의 72%가 결혼보다는 동거를 선호한다고 답할 정도로 동거 가정이 늘어나는 추세다. 이혼율이 높은 노르웨이에는 한부모 가정도 늘고 있다. 전체 가정의

5%가 아이를 한 명 또는 두세 명 키우는 한부모 가정이며, 그 중 90%는 여성이 가장이다. 이혼율의 증가로 혼자 사는 가정도 늘고 있는데, 오늘날에는 거의 20%가 1인 가정이며 도심 지역일수록 그 비율이 높다.

물론 대부분의 선진국에서 가족 규모가 줄고 이혼이나 재혼으로 인해 다양한 형태의 가족이 생겨나는 추세지만 노르웨이 사람들 삶의 중심에는 여전히 가족이 존재한다. 가족과 옛 친구들, 그리고 뿌리가 삶에서 매우 중요하며 대다수가 자신들이 나고 자란 공동체를 중심으로 생활하고 부모, 조부모 또는 제2의 고향과 친밀한 관계를 유지한다.

## 일상생활

노르웨이 사람들은 보통 아침 8시에 업무를 시작하고, 특정 산업에 종사하는 사람들은 더 이른 시간에 일을 시작하기 때문에 아침에 일찍 일어나는 경향이 있다. 학생들도 8시 30분까지 등교한다. 어린이들은 아침에 우유나 요구르트에 시리얼을 곁들여 먹지만 빵에 치즈와 햄 또는 살라미, 얇게 썬 토마토나 오이를 얹은 노르웨이 전통식 아침을 즐기는 사람들도 많다. 반숙이나 완숙으로 삶은 달걀도 많이들 먹고 주스나 커피, 차 등을 함께 마신다.

초등학교는 보통 11시 반이나 12시가 되면 정규 수업이 끝나고, 중학생들은 2시까지 학교에서 수업을 듣는다. 어린 학생들도 방과 후 학교에서 이루어지는 다양한 활동에 참여한다.

노르웨이인의 하루 중 주된 식사는 문자 그대로 점심$^{middag}$이지만 점심에 따뜻한 음식을 먹는 전통은 없다. 학교에서는 급식을 제공하지 않기 때문에 학생들은 모두 도시락을 싸가야 한다. 여러 기업에서는 매달 적은 비용을 받고 차가운 음식으로 된 간편한 점심을 오전 11시쯤 먹을 수 있도록 제공해준다.

노르웨이 사람들은 온종일 진한 블랙커피를 마신다. 대부분이 오후 4시면 업무를 끝내고, 오후 5시에서 6시 사이에 따뜻한 음식으로 된 이른 저녁을 먹는다. 손님을 초대한 경우에는 조금 더 늦은 저녁을 먹기도 한다. 식사 후에는 주로 집에서 휴식을 취하거나 자신이 가입한 동호회 활동을 하면서 시간을 보낸다. 스포츠 활동을 하는 사람들도 많다. 일찍 아침을 시작한다는 말은 일찍 잠자리에 든다는 의미이기도 하다. 하지만 여름철이 되면 낮이 길어지면서 수면 패턴도 바뀌고, 노르웨이인들은 밝은 날들을 최대한 즐기려 노력한다. 늦은 밤까지 밖에서 뛰노는 아이들의 모습도 흔히 볼 수 있는 풍경이다.

## 어린이를 대하는 태도

노르웨이는 어린이가 살기 좋은 나라지만 그렇다고 해서 어른들이 아이들의 응석을 받아주거나 과잉보호를 한다는 의미는 아니다. 오히려 과잉보호와는 거리가 멀다. 대부분 엄마가 직장에 가거나 재택근무를 하는 노르웨이에서 아이들은 어릴 때부터 독립성을 기르며 자란다. 부모가 모두 일하는 경우, 어린아이들은 유치원이나 어린이집에 가거나 정부에서 제공하는 아이 돌봄 서비스를 받는다. 개인적으로 유모를 고용하는 일은 흔치 않다.

아이들은 만 6세가 되면 초등학교에 가며 초반에는 부모가 함께 다니지만, 곧 스스로 등하교를 한다. 다른 여러 나라에서처럼 부모가 아이의 등하굣길에 차를 태워주는 경우는 사실상 거의 찾아보기 힘들다. 타운 중심부나 근교에 사는 아이들은 학교에 갈 때 인도나 자전거 도로, 건널목, 교량이나 교량 아래 도로와 같은 안전한 길로 다닌다. 꽤 많은 어린아이들이 도보나 자전거로 혼자 집과 학교를 오가고, 집에 오면 스스로 간식을 챙겨 먹으며 부모가 올 때까지 기다린다.

　노르웨이는 '안전한' 나라로 알려져 있으며, 밖은 위험하다고 여기는 여타 국가들의 아이들보다 훨씬 더 자유롭게 외출을 하고 혼자서도 잘 돌아다닌다. 비교적 차가 적게 다니고, 특히 주거지역에는 도로방지턱이 많이 설치되어 차들이 속도를 줄인다. 오토바이 운전자들도 어린이들이 지나가며 손을 들면 멈추어 서서 기다려준다.

　여가를 중요하게 생각하는 노르웨이에서는 아이들의 놀이 시간도 매우 중요하게 여긴다. 아주 작은 마을이라도 어린이를 위한 스포츠 시설이 있으며, 학교 운동장에는 체력단련 기구와 놀이시설들이 잘 갖추어져 있다. 주거지역마다 어린이 전용 놀이터가 마련되어 있으며 그네, 미끄럼틀, 모래밭, 나무 오두막, 줄타기, 자전거 전용 산책로, 스케이트보드장 등이 잘 갖추어져 있다. 만약 마을에 썰매를 타기에 적절한 언덕이 있다면, 지역에서는 조명 등을 설치해 아이들이 잘 활용할 수 있도록 지원한다.

이렇듯 어린 시절부터 모험심을 기르는 놀이를 하며 자유로운 환경에서 자란 노르웨이 아이들은 당당하고 독립적이다. 훈육은 거의 하지 않는 편으로, 어린이에게 신체적인 처벌을 가하는 것은 철저히 금지된다. 비교적 엄격한 문화권에서 온 외국인이라면 아이를 밀치거나 때리고 상처를 입힐 경우 처벌받는다는 사실을 명심해야 한다. 공공장소에서 큰소리로 아이를 혼내면 주변의 따가운 시선을 받거나 신랄한 비판을 들을 수도 있다.

## 교육

노르웨이에서는 많은 취학 전 유아들이 유치원이나 어린이집에 다닌다. 이 시기는 놀이를 통해 배우는 시기로, 공식적으로 무언가를 가르치는 것은 교육당국에서 허가하지 않는다. 이렇게 초등학교 1학년까지 이어지는 비교적 긴 시간 동안 놀이 중심의 교육을 받은 아이들은 노르웨이 사회의 근본 가치인 팀워크와 합의를 체득한다.

10년간 이어지는 의무교육은 만 6세부터 시작된다. 초등학교에서 7년간 교육을 받고, 만 13세에서 16세까지는 중학교에서 교육을 받는다. 의무교육 기간에는 국가에서 정한 커리큘럼에 따라 일반적인 내용을 배우게 된다. 노르웨이어가 모국어가 아닌 어린이들은 국가에서 따로 제공하는 모국어 교육을 받을 수 있다.

특별 교육이 필요한 아이들은 따로 마련된 커리큘럼대로 교육을 받기도 한다. 예를 들어 청각장애 아동들은 노르웨이 수화를 모국어로 배우기도 한다. 사미인의 자녀들은 자신들의 문화유산과 언어, 정체성에 대해 배운다. 평등의 원칙을 준수하는 노르웨이의 모든 학교는 남녀공학이다. 다양한 재능을 가진 아이들이 노르웨이의 교육 체계 속에 통합되어 교육을 받는다. 정신적 혹은 신체적 장애가 있는 아동도 가능한 한 일반 학교에 다닌다. 이를 통해 아이들은 인내심과 모두를 동등하게 대하는 태도를 배우지만, 뒤처지는 아이들의 속도에 맞추다 보니 학구열이 높거나 똑똑한 학생들에겐 불리한 면이 존재하기도 한다.

모두가 필요한 만큼 공정하게 나누고 대중 속에서 돋보이는 것을 자제하는 노르웨이 사회원리에 따라 뒤처지는 학생들은 추가적인 도움을 받을 수 있는 반면, 뛰어난 학생들은 간과되기 마련이다. 이는 평등을 추구하는 사회에서 발생하는 부작용이라고도 볼 수 있다. 이렇듯 (아이들이 선생님을 부를 때도 이름을 사용할 정도로) 평등을 추구하고, 훈육을 거의 하지 않는 분위기 때문에 점점 더 많은 학부모가 걱정하기 시작했고, 몇 안 되는 사립학교로 옮기는 사례도 늘고 있다.

초등학교에서는 시험을 보거나 점수를 매기지 않는다. 어린이들이 부담을 느끼지 않는 상태에서 최선을 다해야 한다고 믿기 때문이다. 중학생은 마지막 학기에 시험을 봐서 그간의 성취를 확인하고 학문의 길로 나아갈지, 직업학교로 갈지, 아니면 통합과정인 고등학교에 진학할지 결정한다.

비교적 외진 지역에 있는 작은 학교에서는 필요에 따라 학년별 통합반을 운영한다. 이러한 지역 학생들이 고등학교에 진학하기 위해서는 집에서 멀리 떨어진 지역으로 가야 하는 경우가 많다.

대학 교육부터는 무료가 아니다. 노르웨이에는 (오슬로, 베르

겐, 트론헤임, 트롬쇠 대학교 등) 8개의 대학교가 있고, 23개의 대학
이 있다. 하지만 학비가 비싼 편이 아니고 국가 학자금 대출
자금에서 대출 및 생활비를 받을 수 있다. 해외에서 공부하는
학생들도 이 혜택을 누릴 수 있다.

　노르웨이에는 몇 안 되는 사립학교가 있다. 특정 종교 또는
윤리적 가치를 바탕으로 설립한 학교로서, 공립학교에서 제공
하지 않는 수업을 제공하고 몬테소리나 슈타이너와 같은 대
체 교육 방식을 택했다면, 정부의 인가를 받을 수 있다. 또한
교육부의 인가를 받은 교육과정을 운영해야만 정부의 지원을
받을 수 있다.

노르웨이에서는 아무리 추운 지방일지라도 취학 전 아이들을 1년 내내 야외에서 놀게 하는 전통이 있다. 따뜻한 겨울 외투를 입은 아이들은 장갑을 끼고, 모자를 쓰고, 부츠를 신은 뒤 점심시간에 잠깐 실내로 들어올 때를 제외하고는 온종일 야외에서 놀이를 하며 시간을 보낸다. 이처럼 전통을 기반으로 운영하는 교육기관은 여전히 존재한다. 초등학생들도 가방에 도시락과 음료만 챙기고 정해진 장소에서 선생님과 친구들을 만난 후, 온종일 야외에서 바깥 세계를 탐험하고 자연에 대해 배우러 다니기도 한다.

## 라이프스타일의 변화

약 30여 년 전 석유가 발견되면서 경제적으로 급성장한 노르웨이는 급속한 사회적 변화를 경험했고, 전통적 삶의 방식에도 변화가 불가피했다.

본래 노르웨이 사람들은 험준한 지형과 혹독한 기후 속에서 살아남는 과정을 통해 국민성을 형성해왔다. 지형과 기후

조건은 여전히 그대로지만 인간의 능력은 이러한 어려움을 극복하거나 수용했으며 이제는 많은 이들이 삶과 여행, 통신 등이 40여 년 전에 비해 놀라우리만치 편리해졌음을 느낀다.

과거에는 협곡 너머 옆 마을 사람들도 낯선 외국인 취급했던 사람들이 이제는 위성TV에서 방송되는 호주 드라마를 시청하고, 휴가를 보내기 위해 태국으로 날아간다.

기술이 발달하면서 외국에서 제작된 TV 프로그램과 음악방송, 인터넷의 영향력이 커졌고, 이러한 현상은 노르웨이의 젊은 세대가 전 세계적 흐름인 세계화에 편승하도록 했다. 결국 노르웨이의 젊은이들은 같은 나라에 사는 어르신들보다 지구 반대편의 젊은이들과 더 많은 관심사를 공유하게 되었다. 물론 이러한 흐름이 세계 평화에 도움을 줄 것이라고 기대할 수도 있지만 개별적인 국가 전통을 유지하는 데는 도움이 되지 않는다.

노르웨이는 이민자의 수도 증가하는 추세다. 유럽경제협약에 가입하면서 타 유럽 국가의 시민들이 노르웨이에서 거주하거나 일할 수 있게 되었을 뿐 아니라, 노령화 사회가 되면서 경제활동 인구가 많이 필요한 노르웨이는 정해진 할당에 맞추어 난민이나 망명 신청자를 받았다. 특히 유럽연합 국가 중 폴란드, 리투아니아, 스웨덴에서 온 이민자가 가장 많다. 유럽연합 이외의 국가 중에서는 소말리아, 이라크, 시리아, 필리핀, 파키스탄, 에리트레아에서 온 이민자들이 많은 편이다. 타문화와 종교가 유입되면서 노르웨이에 상당한 영향을 미쳤는데, 특히 많은 이민자가 거주하는 타운이나 일자리를 얻기 위해 정착하는 공업도시에서는 인종 차별 문제가 생기거나 불안을 조장하는 소문이 나돌기도 한다.

노르웨이는 세상에서 가장 부유한 나라 중 하나로 삶의 질도 제일 높은 편이지만, 소수의 부자가 점점 더 많은 부를 축적하면서 불평등한 사회의 조짐이 조금씩 보인다. 또한 규모가 큰 타운에서는 타국가들과 마찬가지로 범죄율 증가로 이어지는 마약 문제 때문에 골머리를 앓고 있다. 일부에서는 비교적 순수한 혈통을 지켜오던 노르웨이의 '안전'이 위협받고 있으며, 평온한 시절은 끝났다고 우려하기도 한다. 노르웨이 북부 지역에서는 수년간 별다른 문제 없이 북유럽 국가 외의 이민자들은 받지 않고 있다. 노르웨이는 석유를 발견하면서 엄청난 부를 축적하고 현대화되었지만 세계 산업에서 중요한 역할을 담당하게 되면서 세계의 어려움도 함께 감당해야 하는 양날의 검을 손에 쥐게 되었다.

# 06

## 여가생활

노르웨이인은 여가시간의 상당 부분을 야외활동을 하면서 보낸다. 친구나 가족들끼리 갖는 소규모 모임도 여가를 즐기는 중요한 방식 중 하나다. 심신을 재충전하려면 여가를 충분히 가져야 함을 인식하고 있어 업무시간을 칼같이 지키고, 추가근무는 거의 하지 않는다. 여름 철에는 관공서들도 일찍 문을 닫고 자유시간을 만끽한다. 하지만 물가가 비싼 노르웨이에서 여가를 충분히 즐기려면 시간뿐 아니라 경제적인 여유도 필요하다.

대부분 노르웨이인은 여가시간의 상당 부분을 야외활동을 하면서 보낸다. 계절에 따라 혹은 해안가나 산지로의 접근성에 따라 할 수 있는 활동의 종류는 다양한데, 주로 하이킹을 가거나 크로스컨트리 스키를 타고, 배를 타러 가거나 축구를 하고, 아니면 집 안 정원을 가꾼다. 친구나 가족들끼리 갖는 소규모 모임도 노르웨이 사람들이 여가를 즐기는 중요한 방식 중 하나다. 여름철이 되면 정원에서 요리하고 지인들과 식사 나누기를 좋아해 집 안과 정원을 정성껏 관리하고 가꾼다.

노르웨이 사회는 심신을 재충전하려면 여가를 충분히 가져야 함을 인식하고 있다. 많은 이들이 행복한 삶을 위해서는 일과 삶의 균형을 잘 맞추어야 한다고 말할 것이다. 대부분이 업무시간을 칼같이 지키고, 추가근무는 거의 하지 않는다. 여름철에는 은행과 우체국을 비롯한 관공서들도 일찍 문을 닫고 모두가 자유시간을 충분히 만끽한다. 하지만 물가가 비싼 노르웨이에서 여가를 즐기려면 시간뿐 아니라 경제적인 여유도 필요하다.

# 쇼핑

전반적으로 노르웨이 사람들이 쇼핑하는 이유는 여가를 즐기기 위해서라기보다는 필요에 의해서라고 할 수 있다. 상점에 따라 운영시간이 다양하지만, 주로 평일 오전 10시부터 오후 5시까지 문을 열고, 토요일에는 오후 3시에 문을 닫는다. 최근 슈퍼마켓들은 한 특이한 곳이 아침 7시 30분에 영업을 시작하면서 다른 곳들도 거의 9시만 되면 문을 여는 추세다. 대부분 평일에는 오후 8시까지 영업하고 토요일에는 일찍 닫는다. 일부 타운 중심가에는 목요일마다 오후 6시나 8시까지 영업하는 곳도 있다.

드물게 보이는 편의점을 제외하고는 일요일과 공휴일에 영업을 하는 상점은 없다. 하지만 12월 크리스마스가 다가오면 크리스마스 쇼핑을 위해 일요일에도 일정 시간 문을 열기도 한다.

노르웨이를 방문한 여행객들은 품질이 우수한 노르웨이산 모직 니트웨어를 꼭 구매한다. 지역별로 모양과 색상이 다른 전통 꽃무늬rosemaling를 그려 넣은 목재 장식품은 여러 타운과 관광지에서 구매할 수 있다. 양초와 촛대뿐 아니라 바이킹 민족의 상징성을 잘 나타낸 백랍 그릇, 손 그림을 그려 넣은 유리 제품 등이 인기가 많다. 노르웨이 전통 복장인 부나에 걸치는 은 장신구도 전통적인 디자인부터 현대적인 디자인까지 매우 다양하다.

| 알아두면 유용한 상점 | |
| --- | --- |
| Apotek 아포텍 | 약국/약사 |
| Bakeri 바케리 | 빵집 |
| Blomsterbutikk 블롬스테르부티크 | 꽃집 |
| Bokhandel 부칸들 | 서점 |
| Grønnsakhandel 귀른사칸들 | 청과물 가게 |
| Helsekost 헬세코스트 | 건강식품점 |
| Jernvarehandel 얀바르한들 | 철물점 |
| Konditori 콘디토리 | 과자점 |
| Matvarehandel 마트바르한들 | 식료품 잡화점 |
| Renseri 렌세리 | 드라이클리닝 업자 |
| Supermarked 슈퍼르마켓 | 슈퍼마켓 |
| Vaskeri 바스케리 | 세탁소 |

## 여행자를 위한 면세 혜택

모든 상품과 서비스에는 25%의 부가가치세(merverdiavgift, 줄여서 mva로 표기)가 붙지만 부동산, 의료 서비스, 중고 자동차, 도서를 비롯한 몇 가지 상품에는 부가가치세가 붙지 않는다(식품에 부과되는 부가세의 비율은 줄어들었다). 이미 높은 물가에 부가세까지 더해진 탓에, 여행자들은 노르웨이에서의 쇼핑을 부담스럽게 느낄 수밖에 없다.

북유럽 지역 이외의 나라에서 방문한 외국인이라면, '면세'가 표기된 상점에서 물건을 구매한 경우 판매가격의 11%에서 18%까지 환급받을 수 있다. 환급전표를 받기 위해서는 최소 구매 금액이 315크로네(대략 4만 원)를 넘어야 한다. 단 환급을 받기 전까지 상품의 포장을 뜯어서는 안 된다. 노르웨이 공항이나 항구에서 출국하기에 앞서 환급센터로 가면 즉시 현금으로 세금을 환급받을 수 있다.

## 은행과 환율

은행의 영업시간은 평일 오전 8시 15분부터 오후 3시 30분까지이며, 목요일에는 오후 5시까지 문을 연다. 주말에 문을 여는 은행은 없지만 현금인출기는 어디시든 쉽게 찾을 수 있다.

크로네는 노르웨이의 공식 화폐단위다. 국제적으로 단위를 표기할 때는 'NKr' 또는 'NOK'라고 쓰지만 노르웨이 상점에서 가격을 표기할 때는 'Kr'을 사용한다. 화폐단위에는 외레도 있는데, 100외레가 1크로네와 같고, 50외레짜리 동전이 있지만 점점 보기 힘들어지는 추세다. 상점에서 판매하는 물건 가격의 끝자리는 보통 50외레에서 반내림된다.

　상점, 식당, 택시 등에서 직불카드와 신용카드를 모두 사용할 수 있다(카드리더기에 카드 칩 부분을 대고 비밀번호를 입력하면 된다). 승인 메시지가 뜨면 결제가 완료되었다는 뜻이다.

　노르웨이에서 대부분 은행업무는 온라인이나 모바일 앱을 통해 진행할 수 있다. 거의 모든 은행이 영어 웹페이지를 제공하지 않는다. 고지서는 이메일이나 지로를 통해 청구되고 모바일 뱅킹으로 처리하거나 은행에 정보를 등록하면 본인 계좌에서 자동으로 빠져나간다. 모바일 결제 앱 중에서는 100만 명의 노르웨이 국민이 가입한 'Vipps'가 가장 널리 사용되며, 전화번호만 알면 송금을 할 수 있다.

# 외식

노르웨이는 지금껏 내세울 만한 요리가 없었지만 상황은 점점 나아지고 있다. 오슬로를 비롯한 큰 타운에 가면 다양한 레스토랑을 찾아볼 수 있고, 대부분 음식도 훌륭하다. 이러한 식당에서는 전통 음식을 맛볼 수 있고, 카페나 바에서도 전에 없던 메뉴들을 선보이고 있다. 하지만 시골 지역이나 작은 마을에는 다양한 식당이 없어 호텔 내 레스토랑 말고는 외식할 만한 곳이 없다.

　노르웨이 사람들은 육류 또는 생선 요리에 삶은 감자나 채소를 곁들이는 평범한 메뉴를 즐겨 먹는다. 그리고 정확한 이름은 없지만 상추와 통조림 옥수수, 오이, 토마토 등에 사우전드 아일랜드 드레싱을 뿌린 샐러드를 거의 모든 요리에 곁들여 먹는다. 가격도 저렴하면서 가장 많이 즐겨 먹는 고기는 돼지고기이고, 소고기나 강한 향신료를 뿌린 양고기도 많이 먹지만 가금류 고기는 거의 먹지 않는 편이다. 여행객들은 엘크나 순록 고기를 맛보기도 한다. 고기 패티와 덤플링을 넣은 스튜는 노르웨이 사람들이 추위를 이겨내기 위해 푸짐하게 즐겨 먹던 따뜻한 음식이나.

노르웨이산 생선과 해산물은 신선하고 맛이 좋기로 유명한데, 과한 소스를 가미하지 않은 채로 먹어야 더욱 맛있다. 훈제연어와 새우 또한 어디서든 즐길 수 있다. 채식을 즐기는 사람이나 엄격한 채식주의자라도 주요 타운에 가면 채식 레스토랑을 어렵지 않게 찾을 수 있다.

디저트로는 주로 크림 캐러멜이나 젤리, 연유를 뿌린 무스를 즐겨 먹는다. 노르웨이 사람들은 베리류를 정말 좋아하는데, 여름철이 되면 잘 익은 블루베리와 딸기를 쉽게 사 먹을 수 있다. 클라우드베리 또한 인기가 많고 귀한 과일이다. 대부분 레스토랑에서는 다양한 와인을 팔지만 가격이 매우 비싸다.

노르웨이 사람들은 보통 점심으로 차가운 음식이나 빵 위

에 햄과 채소를 올린 샌드위치를 먹지만, 점심시간에 레스토랑에 가면 오늘의 요리를 사 먹을 수 있다. 오늘의 요리는 주로 육류 또는 생선 요리에 감자와 채소가 함께 나오며, 음료가 추가되기도 한다.

호텔 조식은 일반적으로 숙박에 포함되어 있으며 빵과 치즈, 달걀, 햄, 통조림 생선, 잼, 요구르트 등이 제공되는 콘티넨털 조식이다. 관광지에 있는 조금 더 좋은 호텔에서는 (스웨덴의 스뫼르고스보르드와 비슷한) 뷔페를 제공하는데 생선과 육류, 치즈, 달걀 요리뿐 아니라 맛있는 빵과 샐러드, 과일까지 다양한 음식들이 차려져 있다. 우선 생선 요리를 맛본 후 깨끗한 접시에 다른 음식들을 담아 먹는 것이 좋다. 느긋한 마음으로 다양한 음식을 맛보도록 하자. 뷔페를 먹을 때는 맥주나 아케비트(akevitt, 감자와 곡식을 증류해 제조한 전통 술)를 함께 마시길 권한다.

노르웨이에서 외식을 하려면 돈이 많이 들고, 큰 타운을 벗어나면 길가에 있는 식당이나 카페를 찾아보기가 힘들다. 노르웨이 사람들은 여행을 떠나거나 짧은 관광을 할 때도 먹고 마실 것을 챙겨가는 경우가 대부분이다. 관광지나 길가에서 악천후에 대비한 장비를 펼쳐놓고 간단한 도시락을 꺼내 먹는 노르웨이 사람들을 보기란 그리 어렵지 않다.

# 서비스

상점이나 은행, 식당, 술집 등에서 일하는 노르웨이 사람들은 예의 바르고 친절하지만 만일 여러분이 그 이상을 기대했다면 조금 실망하게 될지도 모른다. 모든 사람은 평등하다는 신념을 중요하게 여기다 보니 타인에게 서비스를 제공하는 것이 그러한 가치에 어긋난다고 여기는 경향이 생겼고, 서비스의 가치를 그리 높이 사지 않는다. 이러한 경향이 노르웨이 사람들의 무뚝뚝한 매너에 더해져 외국인들은 노르웨이 서비스의 질이 낮거나 다소 불편하다고 느낄 수도 있다. 만일 어떤 직원이 유난히 다정하게 웃거나 친절한 서비스를 베푼다면 스웨덴 사람일 확률이 높다.

노르웨이에서는 상점 직원이 여러분의 말을 듣지도 않은 채 말을 끊고, 슈퍼마켓 계산원은 계산대로 물건을 던지다시피 하고, 웨이터는 웃음기 하나 없는 얼굴로 주문을 받을 수도 있다. 통화 중이던 여행사 직원은 예약을 진행하다 말고 4시가 되었으니 퇴근해야 한다며 전화를 끊을 수도 있다. 이들은 일부러 여러분을 무시하는 것이 아니다. 단지 이 나라에 서비스 문화가 없을 뿐이다.

## 음주

노르웨이인은 사람마다 음주량이 천차만별이라 어떤 사람은 술을 너무 많이 마시고 어떤 사람은 술을 입에도 대지 않는다. 노르웨이 사회는 여전히 금주를 강조하는 경향이 강하며 가끔 금욕적인 생활을 독려하는 캠페인이 벌어지기도 한다.

노르웨이의 젊은 세대는 점점 더 술을 많이 마시는 추세이며, 금요일과 토요일 밤이 되면 타운 중심가에서 술 취한 젊은

## • 때를 기다리자 •

스타방에르의 한 레스토랑에 들어온 영국인 가족이 자리에 앉은 뒤 메뉴판을 주길 기다리며 점점 인내심을 잃어가고 있었다. 결국 10분 정도가 지나자 한 웨이터가 영국인 가족이 앉은 테이블 근처로 왔다. "무엇을 도와드릴까요?" 웨이터가 물었다. 영국인 가족이 음식을 주문하고 싶다고 했을 때 웨이터는 약간 놀란 듯한 표정을 지었다. "메뉴판을 보여주시겠어요?" 영국인 손님은 약간 비난하듯 말했다. 그 말을 듣고 나서야 웨이터는 "아, 물론이죠."라고 말하며 아무렇지 않게 메뉴판을 가지러 갔다.

노르웨이의 식당이나 상점에서 목소리를 높이거나 과격하게 행동하는 것은 절대로 통하지 않지만 가끔은 정중하고 명확하게 여러분이 무엇을 원하는지 알려야 한다. 그렇지 않으면 기약 없이 기다려야 할지도 모르기 때문이다.

이들을 어렵지 않게 볼 수 있다. 술집이나 클럽에서는 술을 비싸게 팔기 때문에 이들은 보통 집에서 술을 먼저 마시고 난 뒤 '적당히 취한' 상태로 시내에 나가 술을 조금 더 사 마신다. 노르웨이 사람들은 내성적인 성향이 강하지만 파티를 어떻게 즐겨야 하는지는 안다. 이때 술이 큰 역할을 하는데, 평소 말수가 적던 노르웨이 사람들이 술이 한잔 들어가면 낯선 사람과도 벽을 허물고 굉장히 활발해지는 모습을 보고 술집에 있던 외국인들이 놀랄지도 모르겠다. 금요일과 토요일 밤만 되면 타운 중심가는 시끌벅적해지지만, 전체적인 분위기가 험악해진다기보다는 즐겁고 활발해지는 편이다.

대부분 슈퍼마켓에서는 법으로 정해진 시간 동안만 맥주를 판매하는데, 슈퍼마켓 내부에서도 술을 파는 공간이 구분되어 있다. 와인과 증류주는 국가의 허가를 받은 주류 판매 면허점에서만 판매하며, 지방 자치구 의회나 지역 담당 행정처에서 정하는 시간에만 영업한다. 따라서 영업시간은 지역별로 차이가 있다. 여러분도 예상했겠지만, 시골보다는 오슬로와 같은 큰 타운에서 훨씬 더 쉽게 주류를 구할 수 있다. 만일 노르웨

이에서 술을 사야 한다면 토요일 오후 2시 30분은 피하는 것이 좋다. 일요일에는 상점이 문을 열지 않기 때문에 토요일 영업을 마감하는 시간은 언제나 손님들로 붐비기 때문이다!

주류세가 엄청나게 높고, 술의 도수가 높을수록 세금이 올라가기 때문에 증류주 같은 경우는 거의 구매할 엄두를 내지 못할 정도로 비싸다. 술집은 규모가 큰 타운에서만 찾아볼 수 있으며, 맥주 0.5리터의 가격은 80크로네(대략 1만 5,000원) 정도 한다.

# 흡연

비교적 건강한 삶의 방식을 추구하는 노르웨이인이지만, 생각보다 훨씬 많은 사람이 담배를 피운다. 높은 세금 때문에 모든 종류의 담배 가격이 비싸다 보니, 많은 이들이 면세 담배를 애용하고, 직접 담배를 말아서 피우기도 한다.

2004년부터는 공공장소에서의 흡연이 금지되었다. 업무 현장마다 야외 흡연실을 따로 설치해야 하고 식당이나 술집도 흡연자들을 위해 상점 외부에 흡연 장소를 따로 마련해두어야 한다. 하지만 겨울철에는 날씨가 너무 추워서 흡연하러 나오는 사람이 드문 편이다!

머금는 담배 또한 많은 사람이 애용하는 담배로, 2004년 공공장소에서의 흡연금지법이 시행되면서 더욱 인기가 높아졌다. 머금는 담배 사용자 중 5분의 1이 여성이며 50% 이상의 씹는 담배 사용자가 과거 일반 담배 흡연자로, 사회적인 이유나 건강상의 이유를 핑계로 흡연 방식을 바꾸었다(머금는 담배는 연기를 흡입하는 방식이 아니므로 심장이나 폐 질환과는 관련이 없지만 구강암을 일으키는 원인이 된다). 2016년 노르웨이 의회는 흡연율을 낮추고자 모든 담배 포장 디자인을 일원화하는 법안을 승인했다.

## 문화생활

노르웨이는 인구 수는 적을
지 몰라도 자랑스러운 문화유
산을 보유하고 있다. 스웨덴과
맺은 연합이 해체되기 전까지
수년 동안 노르웨이의 문화가
융성했는데, 당시 위대한 업적
으로 주목받은 인물로는 화가
에드바르 뭉크와 극작가 헨리
크 입센, 작곡가 에드바르 그
리그가 있다. 노르웨이 문화에
서 매우 상징적인 이들의 업적
은 오늘날까지도 추앙받고 있
다. 국가에서는 보조금을 투
입하고 유랑극단 공연 등을

도입해 노르웨이 전 국민이 수준 높은 자국 문화를 접할 수
있도록 노력한다. 하지만 사실상 타운에 거주하는 소수의 교
양인만이 이러한 예술문화를 접하고 있다.

오슬로에 가면 다양한 예술적 취향을 충족시키는 여러 미술관이 있다. 오슬로 국립미술관, 뭉크 미술관, 응용미술관, 현대미술관, 그리고 아스트룹 피언리 현대미술관이 유명하다. 프로그네르 공원에 구스타브 비겔란의 조각을 전시해둔 비겔란 조각공원도 많은 관람객이 찾는 곳이다. 오슬로 오페라하우스에서는 푸치니나 모차르트와 같이 명망 높은 작곡가들의 작품을 공연하고, 오슬로 국립극장에서는 노르웨이의 위대한 극작가 입센과 비에른스티에르네 비에른손의 작품뿐 아니라 현대 작가들의 작품들도 공연한다.

오슬로에 있는 노르웨이 민속박물관에 가면 과거 실제 사용하던 가구와 집기는 물론 다양한 민속예술품을 만나볼 수 있고, 박물관 야외에서는 노르웨이 전역의 주요 전통 목조 가옥을 그대로 옮겨 오거나 정교하게 복제해놓은 전시장을 둘러볼 수 있다.

조금 더 북쪽으로 가서 트론헤임에 있는 중세 니다로스 대성당과 다양한 박물관을 방문해보자. 그리고 베르겐에서 조금 벗어나면 그림 같은 경치를 자랑하는 호숫가에 지어진 작곡가 그리그의 집인 트롤하우젠을 찾을 수 있는데, 여기에는 그리그의 삶을 엿볼 수 있는 박물관을 비롯해 그가 작곡할 때 머물렀던 작은 오두막에도 들어가 볼 수 있다. 매년 지정된 기간에는 그리그의 작품을 연주하는 연주회도 열린다. 베르겐에서도 여름철이 되면 그리그의 작품을 연주하는 클래식 연주회가 매일 열리고 있다.

매년 5월 말이 되면 베르겐에서는 음악, 발레, 민속문화, 드라마 공연 등을 펼치는 국제 페스티벌이 열리고, 10월에는 현대예술 페스티벌이 개최된다. 사실 이외에도 노르웨이 전역에서는 1년 내내 다양한 예술 축제가 열린다고 해도 과언이 아니다.

## 페스티벌과 이벤트

노르웨이 전역에서 개최되는 다양한 문화 페스티벌과 이벤트는 주로 백야 현상을 볼 수 있는 한여름에 집중되어 있거나 겨울 중 낮의 길이가 비교적 긴 기간에 기분을 내기 위해 열리기도 한다. 관광청 웹사이트인 www.visitnorway.com에 들어가면 노르웨이에서 열리는 전체 페스티벌 목록과 연락처 정보를 얻을 수 있다.

노르웨이에서는 1년 내내 재즈, 블루스, 록, 민속음악 페스티벌이 열린다. 오슬로에서 매년 열리는 노르웨이 우드 록 페스티벌은 노르웨이를 비롯한 세계적인 음악가들이 모여 재즈 공연을 펼치는 주요 여름 페스티벌이지만, 북극에서부터 햇살 가득한 남부 지역까지 여러 클럽과 술집에서도 작은 재즈 페스티벌이 열리고 있다. 1월에는 스피츠베르겐(스발바르) 제도에서 세계 최북단 재즈 페스티벌이 열리고, 스타방에르에서는 트래드 재즈(1920~1930년대 영국에서 유행한 재즈 형식-옮긴이) 공연이 펼쳐진다. 또한 3월에는 보스에서, 5월에는 스타방에르·베르겐·보되에서 재즈 페스티벌이 열리며 7월에는 콩스베르그와 몰데, 8월에는 오슬로에서 개최된다. 4월에는 릴레함메르와 베르겐에서 블루스 공연을 볼 수 있다. 노르웨이에서 가장 규모가 큰 민속음악 페스티벌은 베르겐 북부에 있는 푀더라는 서해안 마을에서 열리는데, 전 세계 예술가들이 참여한다. 이렇듯 노르웨이 전역에서는 작은 타운에서도 라이브 음악을 즐길 수 있으며, 피아노를 연주하는 술집부터 콘서트홀까지 1년 내내 들을 거리를 제공한다.

국제영화제를 관람하기 위해서라면 1월에는 (세계 최북단 영화제가 열리는) 트롬쇠로, 8월에는 해우게순, 10월에는 베르겐으로 떠나자. 게이 축제를 구경하고 싶다면 5월에 게이 프라이드 행사가 열리는 베르겐으로, 북유럽 사람들의 유머 감각이 의심된다면 6월에 열리는 노르웨이 코미디 축제에 가보자. 실내 공연장은 물론 길거리에서도 눈과 귀가 즐거운 코미디 공연을 관람할 수 있다. 스타방에르에서는 와인 페스티벌과 푸드 페스티벌도 열린다. 그리고 누구나 참가할 수 있는 페스티벌로는 하르당에피오르의 로프투스에서 열리는 체리 페스티벌이 있는데, 그곳에서는 체리의 씨를 가장 멀리 뱉는 사람을 뽑는 행사도 열린다!

주요 타운에서는 겨울 축제도 개최하고 있는데, 2월에 오슬로 교외의 홀멘콜른에 가면 용감한 사람들이 크로스컨트리

스키를 타고 42km 완주에 도전하는 스키 마라톤 대회를 관람할 수 있다. 3월에는 유럽에서 가장 긴 도그슬레드 경기가 열리는데, 과거 우편길로 이용되던 핀마르크스비다 고원을 지나는 코스가 1,000km에 이른다. 릴레함메르와 예일로, 홀멘콜른에서는 새해부터 3개월 내내 겨울 스포츠 페스티벌을 비롯해 여러 경기가 열린다.

과거 노르웨이의 모습을 엿보고 싶다면 코페르빅 마을에서 열리는 바이킹 페스티벌이나 유네스코 세계문화유산으로 지정된 탄광 마을인 뢰로스에 가서 150년의 전통을 자랑하는 축제를 구경해보자.

# 여가

노르웨이 사람들은 여유가 생길 때마다 야외활동을 즐기는데, 특히 시골에 가서 시간 보내기를 좋아한다. 하지만 주요 타운마다 여러 상영관을 갖춘 영화관이나 공연을 하는 극장과 콘서트홀, 미술관 등이 잘 갖추어져 있고 다양한 박물관 또한 좋은 전시를 하고 있어 가족들은 더욱 다채로운 선택의 기회가 있다. 스타방에르에 있는 석유 박물관에 가면 관람객이 직접 체험해보는 전시도 준비되어 있다. 오슬로에는 과거 노르웨이 위대한 탐험가들의 생활상을 잘 보여주는 바이킹 박물관과 콘-티키 박물관, 프람 박물관, 해양 박물관이 있다.

노르웨이 사람들이 여가를 즐기는 모습을 보면 비교적 단순한 그들 삶의 특징이 잘 드러난다. 물론 이러한 특성은 굉장히 매력적이며, 노르웨이 아이들이 인간이 만들어낸 복잡한 놀이공원이나 TV 프로그램 없이도 즐겁게 지낸다는 사실을 알면 꽤 흐뭇할 것이다. 여기에서 외국인들이 주의할 점은 광고에 나오는 아름다운 자연경관만 보고 관광지를 찾았다간 실망할 수도 있다는 사실이다. 예를 들어 농장 체험을 하러 가면 양 두 마리와 염소 한 마리, 작은 헛간과 녹슨 쟁기만 있는 곳일 수도 있기 때문이다. 그리고 이마저도 6월 중순에서 8월 중순까지만 문을 열고, 5월이나 9월 초에는 주말에만 문을 열기도 한다.

## 스포츠

노르웨이 사람들은 건강한 삶을 추구하는데, 이는 실내외 가리지 않고 스포츠를 사랑하는 그들의 모습에 잘 반영되어 있다. 대부분 어린이가 일정 수준의 스포츠 활동에 참여하기 때문에 노르웨이는 세계 스포츠 대회에서 인구 대비 우승자를 많이 배출하는 편에 속한다. 그리고 어느 지역에 가든지 스포츠 시설이 잘 갖추어져 있다.

다른 유럽 국가들과 마찬가지로 축구는 노르웨이에서도 많은 관중과 선수들에게 사랑받는 구기 종목이다. 겨울철에는 야외 온도가 너무 낮아서 주로 여름철에 축구 경기가 많이 열린다. 매년 열리는 노르웨이컵에는 세계 청소년 축구 선수들이 참가해 토너먼트식 경기를 펼친다. 핸드볼과 배구는 어린이들에게 인기가 좋으며, 대부분 학교에서 체육시간에 핸드볼과 배구를 배운다. 그리고 각 지역에는 무술을 가르쳐주는 수업이 마련되어 있어 관심이 있는 시민들은 무술을 배우기도 한다. 최근에는 많은 이들이 골프를 치기 시작해 노르웨이 전역에 걸쳐 많은 골프클럽이 생겨나는 추세다. 사이클링 또한 인기가 많아서 사이클링을 즐기는 건장한 이들은 매년 트론헤임에서 오슬로까지 자전거를 타고 경주를 벌이는 그레이트 챌린지 행사에 참여한다.

달리기를 좋아하는 사람들은 트롬쇠에서 개최하는 백야 마라톤 경주에 나가기도 하는데, 이 경기는 자정에 시작된다. 조금 더 일반적인 시간에 열리는 경기에 참여하고 싶다면 세계 최북단 마라톤인 스피츠베르겐(스발바르) 마라톤 경주에 나가면 된다. 노르웨이 산악마라톤은 비교적 험난한 달리기 코스를 즐기는 이들에게 적합하며, 여름철 보스에서 열리는 익스트림 스포츠 위크에서는 스카이다이빙, 래프팅, 클라이밍, 패러글라이딩 등 다양한 경기가 펼쳐진다.

그리고 예상했겠지만 낚시, 카누 경기, 보트 타기 등의 수상 스포츠 또한 매우 인기 있는 종목이다. 스키나 스케이트 같은 겨울 스포츠는 당연히 널리 즐기는 스포츠다.

## 스키타기

노르웨이 사람은 태어날 때부터 스키를 신고 태어난다는 말이 있을 정도로, 스키는 매우 대중적이고 많은 이들이 즐기는 겨울 스포츠다. 과거 노르웨이 사람들은 필요에 의해 스키를 타기 시작했다. 고고학자들이 밝혀낸 바에 따르면 노르웨이 사람들은 눈 속을 거닐기 위해 약 4,000년 동안 스키를 이용했다. 노르웨이 전설 속에는 울Ull과 스카디Skadi라는 스키의 신과 여신이 있을 정도다.

노르웨이어에서 말 그대로 스키를 신고 걷는다는 의미의 'Å gå på ski'는 크로스컨트리 스키를 의미한다. 노르웨이인은 눈

쌓인 겨울철 풍경을 만끽하며 어디든 다닐 수 있게 해주는 크로스컨트리 스키를 배운다.

스키가 스포츠 종목으로 관심을 받기 시작한 지는 불과 100년이 조금 넘었을 뿐이다. 활강스키와 산악스키가 뒤따라 발전했고, 알프스 산맥의 샤모니 지방으로 넘어갔다. 오늘날에는 특히 젊은이들이 스키를 즐기고, 스노보드의 인기도 엄청나다.

노르웨이에서는 1952년과 1994년 두 차례에 걸쳐 동계올림픽을 개최했으며, 금메달리스트를 꾸준히 배출하고 있다. 오늘날에는 겨울철 내내 주요 리조트에서 스키마라톤과 스키 축제가 열린다. 오슬로에서 조금 벗어나면 나오는 홀멘콜른에서는 매년 스키마라톤과 스키 페스티벌, 세계에서 가장 규모가 큰 어린이 스키대회가 열린다.


## 야외활동

많은 노르웨이 사람들이 여가 중 가능한 한 많은 시간을 위대한 자연 속에서 보낸다. 광대한 영토가 아직도 야생 그대로 머물러 있거나 아직 개발되지 않았기 때문에 숨이 막힐 정도로 아름다운 자연경관을 마주할 수 있으며, 주말이나 휴가철이 되면 아주 많은 사람이 타운과 교외 지역을 벗어나 이러한 자연을 찾는다.

인구의 약 25% 정도가 히떼나 시골 오두막을 소유하고 있어 자연 속에서 많은 시간을 보내는 데 문제가 없다. 대부분이 훌륭한 경치를 감상하며 걷기나 하이킹과 같은 단순한 활동을 통해서도 충분한 휴식을 취한다. 또한 많은 노르웨이 가정에서 배를 소유하고 있어 배를 타고 영토를 둘러싼 복잡하고 기다란 해안선을 충분히 즐기며 카누 타기와 낚시 등을 즐기곤 한다.

노르웨이에서는 경작되지 않는 토지에 마음껏 드나들 수 있는 통행권을 보장하고 있어 사람들은 꽤 자유롭게 자연 속을 돌아다닐 수 있다. 마음 깊이 자연을 존중해 타인 소유의 토지를 훼손하거나 주인 없는 땅을 마음대로 이용하지 않는 노르웨이 국민 덕분에 이 법은 계속해서 유지되고 있다. 많은 이들이 이러한 방식을 자연과 교감하는 가장 쉬운 방법으로 여기고, 야외활동의 매력이라고 생각한다.

관광안내소나 대형 서점에 가면 걷기나 하이킹 루트를 영어로 자세히 설명해둔 책자나 전단을 구할 수 있다. 하지만 외국인 여행객들은 책자의 설명을 있는 그대로 믿어서는 안 된다. 하이킹에 익숙한 노르웨이인이 2시간 정도 걸린다고 설명해둔 코스라면 일반 여행객에게는 4시간이 넘게 걸리는 코스일지도 모르기 때문이다!

# 07

## 여행, 건강 그리고 안전

들쑥날쑥한 해안선과 영토의 많은 부분이 산으로 이루어진 지형을 고려할 때 나라 곳곳을 돌아다니기란 결코 만만한 일이 아니다. 아울러 높은 물가 때문에 여행 자체가 사치로 느껴질 수도 있다. 근래에는 노르웨이 전역에 도로와 교량, 터널 등을 건설하는 대대적인 개발 프로그램 덕분에 국가 내 의사소통 통로가 대폭 개선되었다. 세계에서 가장 깊은 해저터널은 섬 지역과 본토를 연결했고, 장관을 이루는 교량들은 작은 마을들을 이어준다.

노르웨이는 영토가 광활한 편이 아니다. 국토의 특정 부분은 가로 길이가 8km에 불과하지만 세로 길이는 1,600km가 넘을 뿐 아니라, 들쑥날쑥한 해안선과 영토의 많은 부분이 산으로 이루어진 지형을 고려할 때 이 나라에서 여기저기 돌아다니기란 결코 만만한 일이 아니다. 그리고 높은 물가 때문에 여행 자체가 사치로 느껴질 수도 있다.

노르웨이 전역에 도로와 교량, 터널 등을 건설하는 대대적인 개발 프로그램 덕분에 국가 내 의사소통 통로가 대폭 개선되었다. 산맥 아래 25km를 그대로 뚫고 지나는 터널은 이전에 산등성이를 뱅뱅 돌아가거나 겨울에 도로가 막혀 우회 도로를 이용하던 시절에 비해 통행시간을 몇 시간이나 줄여주었다. 세

계에서 가장 깊은 해저터널 덕에 섬 지역과 본토가 잘 연결되어 있고, 장관을 이루는 교량들은 작은 마을들을 이어준다. 하지만 터널 덕분에 이동시간은 줄었어도 일부 노르웨이 사람들은 지하로 이동하는 사람들이 많아지면서 아름다운 풍경을 감상하며 여행하는 사람이 줄었다고 불만을 표기하기도 한다.

## 신분증과 체류 허가

노르웨이에는 주민등록증이라는 것이 없어 사람들은 사진과 개인 등록번호가 기재된 운전면허증이나 은행카드를 신분증으로 사용한다. 노르웨이는 유럽경제협약에 가입한 국가로, 유럽연합과 유럽 자유무역 지역에 속한 나라의 국민이라면 노르웨이에 거주하며 일할 권리를 갖는다. 노르웨이에 입국해 (스스로 의식주를 해결할 수 있다면) 특별한 허가를 받지 않고 비자도 없이 3개월을 거주할 수 있다는 의미다. 노르웨이 당국에서는 일자리를 구하는 외국인이 최대 6개월까지 거주할 수 있도록 허가하고 있지만 첫 3개월이 지나고 거주 기한을 연장하고 싶다면 반드시 경찰서에 가서 등록해야 한다.

유럽경제협약에 가입한 나라에서 온 외국인에 대해서는 더이상 취업허가증을 요구하지 않지만 3개월 이상 거주하기 위해서는 거주허가증을 받아야 하는데, 이는 지역 경찰서에서 신청할 수 있다. 이 허가증은 최대 5년까지 유효하며, 필요한 경우 기한이 끝나기 전에 갱신해야 한다. 거주허가증이 있어야 복지 혜택을 받을 수 있으며 병원이나 치과, 은행, 행정업무를 보는 기관에서도 거주허가증을 보고 신분을 확인한다. 학생들은 매년 갱신이 필요한 거주허가증을 받을 수 있다.

　　미국, 캐나다, 호주를 비롯한 일부 나라의 국민도 비자 없이 노르웨이에 입국해 3개월간 체류할 수 있다. 그 외 국가에서 노르웨이에 입국하려면 자국에 있는 노르웨이 대사관에서 비자를 신청해 허가를 받아야 하며, 취업을 목적으로 노르웨이에 입국하는 것은 금지되어 있다. 유럽경제협약에 가입하지 않은 나라의 국민이 노르웨이에 취업하러 오는 것과 관련된 법안은 매우 엄격하며, 그런 경우라면 해당 기업의 확인 및 거주허가증 취득을 입국 전에 미리 완료해야 한다. 전문 기술을 보유한 사람이라면 어렵지 않게 허가증을 취득할 수 있을 것이다.

# 운전

노르웨이의 총 도로망은 9만 km가 넘는다. 남부의 주요 타운은 E18 고속도로로 연결되어 있고, 북극 고속도로라 불리는 E6 도로는 스웨덴과의 국경 남쪽에서 시작해 오슬로를 지나 트론헤임, 나르비크, 러시아와 국경이 맞닿은 시르케네스까지 이어진다.

인구 밀도가 높은 지역에서는 때때로 차가 밀리기도 하지만 전체적으로 볼 때 노르웨이 도로는 비교적 한산한 편이며 북쪽으로 갈수록 도로가 텅 비어 있다. 시골 지역에서는 몇 km를 가는 동안 다른 차를 한 대도 못 보는 경우가 있다.

일반적으로 운전자들은 차분한 편이고 경적을 울리는 차를 보는 일도 드물다. 제한속도는 비교적 낮은 편이고(별도 안내 참조) 대부분 도로의 교통은 원활하다.

노르웨이에는 유료 도로가 흔한데 요금은 보통 10크로네부터 300크로네까지다. 새로운 도로나 터널을 건설하기 위해 기금을 모으기도 한다. 오슬로나 베르겐, 트론헤임, 스타방에르와 같이 규모가 큰 타운으로 진입할 때는 요금이 (보통 5크로네에서 10크로네 사이로) 그리 비싸지 않다. 편리한 통행을 위해 주민들은 '브릭'이라 불리는 작은 단말기를 구매해 자동차 앞 유리에 부착하고 다니는데 도로 요금소를 지날 때마다 기계가 단말기를 자동으로 인식해 시간을 절약할 수 있다. 선납한 요금이 부족해 추가요금이 발생하면 고지서를 받게 된다.

많은 이들이 노르웨이에서 운전하다 보면 다른 나라에서보다 스트레스를 덜 받는다고 말한다. 하지만 긴장이 너무 풀리지 않도록 주의하자. 속도 제한이나 음주운전과 관련된 법이 상당히 엄격하게 시행되고 있으며 처벌 수위도 높으므로 항상 조심하는 것이 좋다.

## 【 면허증 】

유럽경제협약에 가입한 국가에서 발행한 운전면허증을 소유하고 있다면 노르웨이 운전면허증이 필요 없지만 원하는 경우 노르웨이 면허증을 따로 발급받아 사용할 수 있다. 그 외 호주나 캐나다, 미국을 비롯한 선진국에서 온 외국인이라면 지정된 주행시험을 통과한 후 노르웨이 면허증을 발급받을 수 있다. 하지만 외국 운전면허증은 단 3개월간만 유효하므로 3개월이 지나면 노르웨이 면허증으로 교환 신청을 해야 한다. 이 시간이 너무 지체될 경우, 운전면허 교육을 처음부터 다시 이수하고 필기시험과 주행시험을 봐야 하므로 시간과 돈을 낭비하지 않도록 주의하자.

## 【 우선 주행권 】

노르웨이의 모든 고속도로와 주요 도로에는 노란색 다이아몬드 형태의 우선 주행권 표지판이 설치되어 있다. 이 표지판이 설치된 쪽 도로의 차량은 교차로에서 선행권을 갖는다. 하지만 주거지역의 도로나 작은 도로에는 이 '노란 다이아몬드' 표지판이 없으므로 교차로 우측에서 오는 차량에 항상 양보해야 한다. 우선 주행권이 있는 도로의 차량이 거침없이 교차로를 지나갈 수 있으니 언제나 주의하자. 운전할 때는 '노란 다이아몬드' 표지판이 어느 쪽에 설치되어 있는지 항상 주의 깊게 살피는 것이 좋다.

## 【 겨울철 운전 】

겨울철에는 스노타이어를 필수적으로 사용해야 한다. 대다수 노르웨이 국민은 징이 박힌 타이어를 장착해 사용하는데 눈이 비교적 적게 내리는 남부 지역에서는 이러한 타이어가 도로 표면을 망가뜨리고, 운행 시 발생하는 먼지가 천식 발생과 연관되어 있다는 사실 때문에 사용을 줄이는 추세다. 대신 접지면이 두꺼운 스노타이어 사용률이 증가하고 있다. 사실 많은 사람이 얼어 있는 도로에서는 징이 박힌 타이어만 효과가 있다고 주장하기도 한다. 스노타이어 사용기간은 특별한 경우를 제외하면 11월 1일부터 부활절 일요일까지다. 운전자 대부분은 산악 지역을 운행할 때 체인을 신고 다닌다.

인구 밀도가 낮은 시골 지역과 험준한 지형 및 척박한 기후를 고려했을 때, 겨울철에도 통행이 가능한 도로가 꽤 많다는 사실은 주목할 만하다. 하지만 많은 도로에서 연중 7개월 동안 통행을 제한하기 때문에 여행을 시작하기 전 도로 상황을 꼭 확인하는 것이 좋다. 도로 사용자 정보센터(175번)에 전화해보거나 www.vegvesen.no에서 정보를 얻을 수 있다. 상황이 수시로 바뀔 수 있으니 여행에 나선 경우에는 계속해서 확인해볼 필요가 있다. 통행은 가능하지만 도로 상황이 좋지 않을 경우 제설작업을 하는 호송 차량을 볼 수 있을 것이다.

이렇듯 척박한 기후로 인한 도로 상황의 변화에 익숙지 않은 사람들은 외진 도로를 여행할 때 위험성을 제대로 인식할 필요가 있다. 담요나 먹거리, 삽을 항상 소지하고 다니되 눈이 쌓인 길에서 벗어나지 못했다면 차 내부에서 도움을 기다리는 편이 좋다.

그리고 오르막길로 가는 차량에게 길을 양보하는 것은 겨울철 운전의 기본 규칙 중 하나다.

## 【 음주운전 】

음주운전에 관해 단 한 가지 조언을 하자면, 절대로 하지 말라는 것이다. 노르웨이는 음주운전에 관해서라면 유럽에서도 가장 엄격하게 법으로 정하고 있으며, 철저하게 법을 시행하고 있다. 혈중알코올농도 단속 기준은 0.02%로 운전대를 잡기 전 12시간 이내에는 음주하지 않는 것이 좋다. 혈중알코올농도가 아주 미미하더라도 현장에서 벌금을 물거나 면허가 취소될 수도 있고, 심지어 감옥에 가는 등 심각한 처벌을 받을 수 있다.

경찰에서 필요하다고 판단하면 언제 어디서든 음주 단속을 시행한다. 술을 마셨다면 반드시 버스나 택시를 타고 귀가하고, 술을 잔뜩 마신 다음 날 아침 숙취가 해소되었다고 생각해 안심하고 운전하는 일이 없도록 주의하자. 아침에도 도로에서 음주 측정을 하는 경우를 어렵지 않게 볼 수 있다. 경찰은 아무런 예고 없이 도로를 막아서고 지나가는 모든 운전자의 음주 측정을 하기도 한다.

## 【 속도 제한 】

노르웨이에서는 차량의 운행 속도를 엄격하게 제한하고 있으며, 위반 시 현장 벌금이나 면허 취소, 또는 금고형에 처할 수 있다.

| 주택가 | 번화가 | 개방도로 | 고속도로 |
|---|---|---|---|
| 30km/h | 50km/h | 80km/h | 90km/h |

## 【 사고와 고장 】

유럽에서 가장 낮은 교통사고율을 자랑하는 국가 중 하나인 노르웨이의 도로는 비교적 안전한 편이다. 교통사고가 발생한 경우 의무적으로 경찰(112)을 불러야 하는 것은 아니지만 사고 당사자끼리 연락처 정보를 교환해야 한다. 구급차를 부르기 위해서는 113으로 전화한다.

로얄 노르웨이 자동차클럽(KNA)과 노르웨이 자동차연합(NAF)에서는 자동차 결함 및 도로 사고와 관련해 도움을 받을 수 있는 모든 정보를 제공해준다. 바이킹과 팔킨은 차량 정비와 교통사고 수습을 지원하는 대표 업체다.

## • 노르웨이의 교통안전 •

- 우측통행으로 운전한다.

- 헤드라이트의 하향등을 항상 켜고 운전한다(상향 헤드라이트를 켜는 경우는 제외).

- 앞좌석과 뒷좌석 모두 안전띠 착용은 필수다.

- 운전면허증, 차량등록 서류, 보험증서를 항상 소지하고 다닌다.

- 작은 도로에서는 오른쪽 차량이 주행 우선권을 갖는다.

- 어린이들이 먼저 길을 건넌 후 주행한다.

- 차량용 안전 삼각대를 반드시 소지하고 다닌다.

- 시골 지역에서는 특히 땅거미가 질 때 도로를 지나는 동물을 조심한다.

## **항공** 여행

지형 특성상 노르웨이 내에서 비행기를 타고 이동하는 일은 매우 일반적이며 노르웨이에만 몇 개의 국제공항을 비롯해 총 100군데가 넘는 공항이 있다. 여름철 산악도로를 이용해 스타방에르에서 오슬로까지 가면 약 8시간이 걸리지만 비행기로는

30분 정도밖에 걸리지 않는다. 유럽 주요 공항에서 노르웨이의 대표 타운으로 가는 정규 노선이 매일 운항한다. 스칸디나비아항공과 노르웨이항공은 오슬로에서 조금 떨어진 곳에 있는 노르웨이 대표 공항 가르데모엔 공항에 본부를 두고 있다. 노르웨이항공의 경우 최근 저가항공 시장에 뛰어들어 노르웨이, 북유럽, 유럽뿐 아니라 북아메리카나 남아시아로 출항하는 장거리 노선까지 운항한다. 위데뢰에항공 또한 북유럽 간 다양한 노선을 제공해 이용객이 많은 항공사다. 주요 공항과 해당 타운을 이어주는 (고속버스나 기차와 같은) 교통수단도 잘 갖추어져 있다. 가르데모엔 공항에서 고속열차인 플라이투겟을 타면 오슬로 중심부까지 단 19분 만에 갈 수 있으며 열차는 10분에 한 대씩 출발한다.

산악 지형과 복잡한 해안선 때문에 노르웨이에서는 항공 교통이 다른 나라의 버스나 기차만큼이나 일반적이다. 많은 노르웨이 사람들이 오슬로에서 다른 타운까지 비행기를 타고 통근하기도 하며, 입국 절차가 간소화되어 있어 비행기 탑승이 버스를 타는 것만큼이나 간단하다. 비행기 표가 저렴하다고는 할 수 없지만 정규 탑승자를 위한 할인 혜택이 잘 마련되어 있다.

# 기차

가격이 비싸긴 하지만 기차를 타면 노르웨이 들판을 횡단하며 편안한 여행을 할 수 있다. 국영 철도회사(NSB)에서 운영하는 노르웨이 기차는 깨끗하고 편안하며, 시간을 철저히 지킨다. 기차 노선으로는 몇 가지 지선도 있긴 하지만 오슬로와 스타방에르, 오슬로와 베르겐, 오슬로에서 트론헤임을 지나 북부의 보되까지 이어지는 세 간선이 주요 노선이다. NSB에서는 여행자들이 노스케이프까지 갈 수 있도록 버스 노선도 운영한다. 오슬로 교외 지역에서 중심지로 출근하는 시민들을 위해 지역 통근 노선 또한 운영하고 있다.

노르웨이 열차 기술의 진수를 경험할 수 있는 산악 운행 열차도 타볼 만한 가치가 있다. 그 외에도 오슬로에서 베르겐으로 가는 기차를 타면 주변으로 펼쳐지는 멋진 자연경관으로 특히 관광객들에게 인기가 많다.

객실은 일등석과 이등석으로 구분되며 장거리 여행을 할 때는 좌석이나 침대칸(1인, 2층, 3층 침대)을 반드시 예약해야 한다. 기차표가 비싸긴 하지만 장거리 여행일수록 운임이 저렴해진다. 할인요금제(만 4세 이하는 무료, 만 16세 이하 및 고령의 시민은 반값)가 마련되어 있으며, 가족이나 단체 할인도 받을 수 있다. 때때로 특별한 할인가가 적용된 승차권이 제공되기도 한다.

장거리를 여행할 때 옆자리에 앉은 승객과 대화를 나누겠다는 기대는 하지 말자. 노르웨이 사람들은 완전히 낯선 사람과는 대화를 나누는 법이 없으므로 여러분의 여행길은 매우 조용할 것이다.

## **버스**, 트램, 지하철

버스는 다른 교통수단에 비해 상대적으로 느리긴 하지만 비교적 저렴한 비용으로 이용할 수 있다. 버스는 기차가 다니지 않는 지역으로도 운행하며, 노르웨이의 피오르를 마음껏 감상할 수 있다는 점 때문에 특히 추천한다. 버스표 구매 비용에는 목적지까지 가는 길 중간에 갈아타야 하는 페리 가격까지 포함되며, 노르웨이에서 이동할 때는 페리를 타야 하는 경우가 흔하다. 노르웨이 버스익스프레스는 노르웨이 전역은 물론 스웨덴과 핀란드, 남쪽으로는 함부르크까지 운행하는 버스 노선을 운영한다. 넷버스와 라브프리스익스프레슨 또한 편리한 버스 노선을 제공하는 회사로, 예약할 경우 싼값에 버스표를 구할 수도 있다. 지역 버스회사들은 해당 지역에서 바로 옆에 있는 지역까지 노선을 운영한다.

규모와 상관없이 모든 타운과 마을에는 지역 버스회사가 있다. 대부분 버스가 깨끗하고 현대적이며 시간표는 버스 정류장에서 확인할 수 있다. 버스표는 탑승하면서 현금을 내고 살 수 있다. 큰 타운에서는 주말에 최소한의 야간버스를 운행한다. 버스를 타고 여행할 때 필요한 경우 페리로 갈아타야 할 수도 있다.

오슬로의 교통 체계는 효율적이고 포괄적이다. 이른 아침부터 자정까지 트램과 버스, 지하철이 중심가를 교차한다. 오슬로 에스라 불리는 곳은 대중교통의 중심 본부로 대부분 시내 노선이 이곳으로부터 외각으로 퍼져 나간다(지역 정보뿐 아니라 오슬로 전역의 교통 정보를 얻기에 좋은 곳이다).

티밴 또는 간단히 'T'라고 불리는 지하철은 역 입구마다 'T'라고 표기되어 있으며 타운 중심부를 비롯해 꽤 먼 거리의 교외 지역까지도 운행하는 5개의 노선이 다니고 있다.

버스나 트램, 지하철 승차권을 구매할 때는 일반적으로 적용되는 할인 혜택을 받을 수도 있지만 특히 오슬로에서는 교통패스를 이용하는 것이 유리하다. 루터라는 회사에서 오슬로 지역의 버스와 지하철, 트램, 페리 서비스를 운영하고 있다. 승차권을 비롯한 하루 이용권, 일주일 이용권, 한 달 이용권을 편의점을 비롯한 루터 판매처와 모바일 앱에서 구매할 수 있다. 교통카드가 있으면 오슬로 가르데모옌 공항을 비롯한 주변 지역까지 운행하는 기차 승차권도 구매할 수 있다.


## **보트**와 페리

노르웨이에서 먼 길을 여행할 때는 꼭 페리를 타게 된다. 대부분 페리는 자동차가 바로 타고 내릴 수 있는 페리로 페리 노선은 도로 교통의 일부로 인식되며, 페리를 타기 위해 예약할 필요는 없다. 페리에 탑승해 이동하는 시간은 몇 분에서 몇 시간까지 다양하며 작은 간이식당이 마련된 페리도 있다. 많은 승객이 이용하는 노선의 페리는 꽤 자주 운행하지만 기다리길 원치 않는다면 미리 운행 시간표를 확인하자. 거의 모든 노르웨이 국민이 이동한다고 해도 과언이 아닌 5월부터 9월까지는 대기 줄을 피하기가 쉽지 않다.

타운에 거주하는 많은 시민이 오슬로 피오르와 같은 수로를 지나 통근하기 때문에 정기적으로 페리를 이용한다. 베르겐 주변 서해안과 근처 피오르를 오가는 쾌속 쌍동선(선체 2개

를 연결한 빠른 범선-옮긴이)은 특히 인기가 많다. 페리 노선은 노르웨이와 영국, 독일, 덴마크, 스웨덴을 연결하기도 한다.

베르겐에서 시르케네스까지 운행하는 보트 여행인 코스탈 익스프레스는 아마 노르웨이에서 가장 유명한 여행 코스일 것이다. 이 페리는 계속해서 이동하며 거의 서른 곳 이상의 항구에 정박하기 때문에 항구 간 운행 거리가 매우 짧다. 하지만 대부분 여행객은 이 노선을 11일간의 크루즈라 생각하고 장관을 이루는 해안선 풍경을 감상하며 북극까지 여행한다. 요금이 저렴하지는 않지만 많은 이들이 일생에 한 번은 해볼 만한 가치가 있다고 여기고 코스탈 익스프레스 탑승권을 사기 위해 돈을 모은다.

# 택시

타운을 비롯한 교외 지역이나 공항 등의 정류장에서 허가받은 택시를 잡을 수 있으며 콜택시를 부를 수도 있다. 요즘은 많은 택시회사에서 자동 호출 시스템을 도입해 활용한다. 전화를 건 고객의 전화번호와 주소를 인식하는 이 시스템은 1번을 누르면 바로 택시를 보내주고 2번을 누르면 담당자와 연결해 택시 예약을 잡아준다. 택시를 예약한 경우에는 예약 번호를 받게 된다.

택시 요금이 비싸긴 하지만 대부분 요금은 미터기를 기준으로 하며, 현금카드나 신용카드로 계산할 수 있다. 서비스 요금이 택시 요금에 포함되어 있으며 이전에도 언급한 바와 같이 추가적인 팁을 낼 필요는 없다.

카셰어링이나 우버 같은 플랫폼이 점차 인기를 끌고 있지만, 법적인 문제가 아직 확실치 않기 때문에 노르웨이에서 이러한 시스템이 제대로 정착할지는 의문이다.

# **자전거** 타기

노르웨이의 주요 타운과 주변으로 자전거 도로가 그리 많지는 않지만, 자전거를 이용하는 사람들은 대부분 차량 통행량이 그리 많지 않은 작은 도로로 다닌다. 어른 아이 할 것 없이 많은 이들이 자전거를 타고 이동한다.

대부분 관광지에서는 자전거 대여가 가능하다. 자전거를 가지고 페리에 탑승하는 경우 별도의 요금을 내지 않아도 되는데 버스나 기차를 탈 때는 추가요금을 내야 한다. 산악지대를 통과하는 긴 터널은 자전거를 타고 지날 수 없다. 내부에서 발생하는 매연이 인체에 치명적인 영향을 미치기 때문이다. 이런 지역에서는 터널을 뚫기 전에 차량이 다니던 길로 지나는 것이 좋다.

4월부터 12월까지 (또는 첫눈이 내리기 전까지) 오슬로 주변의 정류장에서 시가 제공하는 자전거를 빌릴 수 있으며 모바일 앱을 통해 대여 신청을 할 수도 있다. 시즌권을 이용하면 합리적인 조건으로 자전거를 이용할 수 있다.

자전거를 탈 때 의무적으로 헬멧을 착용해야 하는 것은 아니지만 대부분 시민이 자발적으로 헬멧을 착용한다.

# 묵을 곳

노르웨이의 높은 임금과 세율을 고려했을 때 호텔에서 묵으려
면 어마어마한 비용이 들 수밖에 없다. 하지만 중심가에 있는
5성급 호텔부터 산악지대나 호숫가에 지어진 소박한 오두막까
지 다양한 숙소가 마련되어 있으므로 여행자들은 각자 조건
에 맞게 이용하기에 무리가 없을 것이다.

노르웨이 호텔의 규모와 서비스 수준, 제공되는 편의시설은
각기 다양하지만 하나같이 청결하고 효율적으로 운영된다. 오
슬로 중심가나 산악 리조트의 비교적 값비싼 고급 호텔은 각
기 개성과 스타일이 다양한데 저렴한 호텔들은 지루할 정도로
획일적이다. 객실 요금에는 뷔페식 조식이 항상 포함되며 조식
이 거의 만찬 수준으로 잘 나오는 곳도 있다. 월요일부터 목요
일까지는 객실 요금이 비싼 편이지만 주말인 여름 휴가철에는
종종 요금 할인을 받을 수도 있다.

획일화되지 않은 숙소에 머물고 싶다면 타운이나 관광지에
서 볼 수 있는 펜션 또는 게스트하우스를 추천한다. 기본적으
로 제공되는 편의시설도 가지각색으로, 요금이 비싼 곳은 스
위트룸 수준의 시설을 제공하고, 요금이 낮은 곳은 낯선 여행

객들과 방을 함께 사용해야 한다.

　교외 지역이나 시골에서 조금 더 색다른 경험을 하고자 하는 여행객을 위해 많은 이들이 자신의 집에 있는 방을 제공하기도 한다. 방이 있다고 붙여둔 표시를 잘 찾아보자. 물론 가정마다 특색이 있을 것이다. 조식이 제공될 수도 있고 주방시설을 사용하게 해줄 수도 있을 것이다. 에어비앤비 같은 서비스가 노르웨이에도 존재하지만 타유럽 국가에서보다는 인기가 덜한 편이다.

　피오르 해안으로 둘러싸인 노르웨이에서 저렴한 기본 숙소를 찾는 여행객이라면 100곳의 노르웨이 호스텔 중 한 곳에서 머무는 것도 고려해볼 만하다. 그리고 일부 대학에서는 여름 휴가철에 기숙사 방을 제공하기도 한다. 규모가 큰 타운 주변을 여행하면서 저렴한 가격으로 깨끗한 시설에 머물 수 있는 아주 좋은 방법이다.

　자연과 조금 더 가까이에서 묵고 싶다면 아름다운 호숫가나 해안가에 자리한 수백 곳의 캠프장 중 하나를 추천한다. 이런 곳들 또한 규모와 시설이 가지각색이어서 어떤 곳에서는 텐트 하나 정도를 칠 수 있는 장소만 제공하고 어떤 곳은 넓은 공간에 시설도 잘 갖추어져 있다.

만일 잠깐 불편한 생활을 해도 괜찮다면 노르웨이에서는 경작되지 않는 토지에 '누구나 들어갈 권리'가 있다는 사실을 기억하자. 단 피해를 주지 않는다는 전제하에서 말이다. 하지만 너무 오래 머무르거나 단체로 캠프를 하려면 예의상 땅 주인의 허가를 받아야 할 것이다.

진짜 노르웨이인다운 경험을 하고자 한다면 호숫가나 산속의 히떼를 빌리길 추천한다. 단 '현대적인 편의시설'이 없어야 진정한 히떼의 느낌을 알 수 있을 것이다!

산악지대의 주요 하이킹 루트를 따라 설치된 산악 오두막 네트워크에서는 하이커들과 크로스컨트리 스키를 타고 이동하는 사람들을 위해 숙소를 제공한다. 모든 오두막마다 직원이 상주하지는 않는다. 무인 오두막을 사용했다면 비치된 상자에 비용을 두고 오면 된다.

노르웨이의 숙소 관련 정보는 www.visitnorway.com 또는 타운이나 관광지의 공식 웹사이트에서 확인할 수 있다. 노르웨이 산악 하이킹 연합(DNT)에서 제공하는 매우 유용한 자료는 www.turistforeningen.no에 들어가면 찾아볼 수 있다.

## 의료 및 안전

노르웨이는 안전한 나라이며 여러분이 만나는 대부분의 노르웨이 국민은 정중하고 친절할 것이다. 하지만 기본적으로 개인의 안전에 각별히 신경 쓰며 오슬로를 비롯해 규모가 큰 타운에서는 더욱 주의하는 경향이 있다.

| 긴급 전화번호 | |
|---|---|
| 소방서 | 110 |
| 경찰 | 112 |
| 구급차 | 113 |

노르웨이는 국가에서 의료 서비스를 지원하며 노르웨이 거주민이라면 누구든 의료 혜택을 받을 수 있다. 만 7세에서 67세까지는 병원에서 진료나 치료를 받으면 약간의 병원비를 내야 한다. 하지만 연간 지불 상한액이 정해져 있다. 이 상한액을 초과할 경우 당해 남은 기간에 피부양자까지도 무료로 병원을 이용할 수 있도록 나라에서 카드를 발급해준다.

유럽연합에 가입한 나라의 국민인 경우, 노르웨이의 모든 의료 서비스 시설을 이용할 수 있다. 유럽연합 가입국 국민은 유럽건강보험카드(EHIC 카드)를 소지해야 하며, 응급처치를 무료로 받을 수 있고 입원 치료나 외래 진료 시 발생하는 병원비를 할인받을 수 있다. 유럽연합 가입국 국민이 아니라면 반드시 노르웨이로 입국하기 전에 여행자 의료보험 등에 가입해야 한다. 병원에서 발급한 처방전을 약국에 가져가면 약을 받을 수 있다. 인구가 많은 지역에서는 늦은 밤에도 운영하는 약국을 찾을 수 있다.

의료시설은 현대식이며 의사와 간호사들은 대부분 영어를 구사한다. 호텔이나 택시기사, 관광안내소에 문의하면 가까운 병원을 알려줄 것이다. 응급처치가 필요하다면 병원 응급실이나 전문 의원을 찾아가자. 주요 타운에서는 늦은 시간까지 진료하는 치과도 찾을 수 있다.

## 알아두면 유용한 명칭

| | |
|---|---|
| 의사(들) | 레게 Lege(r) |
| 치과의사(들) | 탄레게 Tannlege(r) |
| 병원 | 시케후스 Sykehus |
| 응급실 | 레게박트 Legevakt |
| 약국 | 아포텍 Apotek |
| 처방전 | 레셉트 Resept |

# 08

## 비즈니스 현황

다른 유럽 국가들에 비하면 산업화를 늦게 이룬 편이지만 세계대전 시기를 지나면서 제조업
과 기술산업에 엄청난 발전을 이루었다. 1960년대 후반에는 석유를 발견해 관련 석유산업이
성장하면서 경제구조를 완전히 바꾸어놓았으며, 현재는 석유산업이 경제를 지배하고 있다.
비즈니스 환경에서는 영어가 널리 사용된다. 많은 기업이 국제적인 업무 환경을 추구함과 동
시에 영어 사용률도 높아지면서 노르웨이에서 일하기는 이전보다 훨씬 쉬워졌다.

과거의 노르웨이 경제는 농업과 어업, 그리고 이와 관련된 파생산업인 조선업과 통조림산업 등을 기반으로 발전해왔다. 다른 유럽 국가들에 비하면 산업화를 늦게 이룬 편이었다. 하지만 세계대전 시기를 지나면서 제조업과 기술산업에 엄청난 발전이 있었다. 1960년대 후반에는 석유를 발견해 관련 석유산업이 성장하면서 나라의 경제구조를 완전히 바꾸어놓았으며 현재는 석유산업이 노르웨이 경제를 지배하고 있다.

자급자족 의식을 강하게 지닌 노르웨이 국민은 유럽연합의 회원이 되는 것을 원하지 않았다. 하지만 인구가 적은 노르웨이의 경제가 지속해서 발전하면서 외국인 노동자들이 필요하게 되었다. 이렇듯 외국인 노동자들이 유입되고 특히 석유산업에서 다국적 기업의 영향력이 커지면서 노르웨이는 국제사회에 발을 조금 더 담그게 되었다. 그리고 유럽경제협약에 가입하면서 이웃 유럽 국가들과 보조를 맞추게 되었다.

오늘날 노르웨이의 비즈니스 환경에서는 영어가 널리 사용된다. 많은 기업이 국제적인 업무 환경을 추구함과 동시에 영어 사용률도 높아지면서 부유한 나라 노르웨이에서 일하기는 이전보다 훨씬 쉬워졌다. 하지만 노르웨이만의 특이한 점들도 분명 있으니 알아두면 유용할 것이다.


## **근무** 환경

노르웨이 기업의 사무실 분위기는 비교적 편안한 편이다. 내부가 벽으로 나뉘지 않은 오픈 플랜식의 사무실이 많고 일부 대기업에서는 아무리 높은 직위에 있더라도 개인 사무실을 따로 두지 않는다. 회의실은 필요한 경우 누구든 사용할 수 있다. 이러한 환경 또한 모두가 평등하다는 원리에 입각한 것이다.

노르웨이에는 투명성과 접근 가능성을 중요시하는 문화가

강하다. 폐쇄적이지 않은 업무 환경에서 모든 직원이 높은 위치의 관리자도 만날 수 있도록 한다. 직함은 거의 불리지 않으며 대신 서로의 이름을 부른다. 많은 직원이 청바지에 티셔츠, 또는 스웨터를 입고 출근할 만큼 의복에도 격식을 차리지 않는다. 하지만 자유로운 복장이 자유로운 행동을 의미하지는 않는다. 사내 규칙은 보수적이고 실용적인 편이다. 중요한 회의에서는 셔츠와 외투를 입기도 하지만 절대로 넥타이나 정장을 갖추어 입지는 않는다.

노르웨이 사람들은 업무에 최신 기술을 활용하길 좋아한다. 명함 또한 업무 세계에서 중요한 역할을 한다. 자택 전화번호를 비롯한 모든 연락처 정보가 담긴 명함을 누구나 가지고 다닌다.

노르웨이에서 성공한 사업가나 기업가들은 대부분 다중 언어 구사자로, 해외에서 유학한 경우가 많다. 다른 분야와 마찬가지로 고위층 기업가들도 서로 네트워크를 형성하고 특정 지역에 모여 살며 같은 클럽에서 활동하는 경우가 많다.

## **업무시간**과 시간 엄수

업무시간은 보통 오전 8시에 시작해 오후 4시에 끝난다. 석유 산업의 중심지인 스타방에르와 같은 일부 지역에서는 많은 노동자가 주중에만 회사 근처 숙소에 머무르기 위해 비행기를 타고 온다. 노르웨이 사람들은 자신이 나고 자란 지역 공동체와 끈끈하게 연결되어 있기에 이러한 선택을 하는 경우가 많다. 이들은 자신이 선택한 일을 하기 위해 주중에는 집을 떠나지만, 옛 친구나 친인척들이 사는 마을을 떠나 가족 전체가 새로운 곳으로 이사하는 경우는 드물다. 이러한 노동자들은 주로 이른 시간부터 늦은 시간까지 유연 근무를 하고 주말에는 최대한 오랜 시간 가족과 보내기 위해 노력한다.

주중 업무시간은 월요일부터 금요일까지로, 일일 7시간 반을 일하고 중간에 30분은 간단한 점심을 먹는다. 점심시간은 회사마다 차이가 있지만 보통 11시 이후에 시작된다.

주간 총 업무시간은 37시간 반으로 추가업무를 하는 경우는 드물며 관련 규정이 까다롭기도 하다. 노르웨이 사람들은 추가근무를 하면 업무시간 내에 주어진 일을 마치지 못했다고 보고, 공식적인 업무시간 내에 자신이 맡은 일을 끝내야

지 능률적으로 일하는 사람으로 인식한다. 아울러 추가업무에 대해서는 1.5배의 수당을 지급해야 하는 법 때문에 고용주들도 추가업무를 반기지 않는다. 직원들 또한 1.5배의 수당에 대한 추가적인 세금을 내야 하므로 추가업무를 꺼리는 편이다.

노르웨이 노동자들은 연간 25일의 유급 휴가를 받고 10일의 공휴일에도 쉰다. 하지만 공휴일과 주말이 겹치더라도 대체휴일은 없다. 만일 12월 25일과 26일이 주말과 겹치고, 1월 1일은 그다음 토요일과 겹치더라도 별도의 휴일은 없다. 하지만 그렇다고 해도 사람들이 이 연휴기간에 일을 많이 한다는 의미는 아니다.

사실상 노르웨이에서 업무가 중단되는 휴가기간은 부활절 기간이다. 성목요일과 성금요일, 부활절 다음 월요일이 모두 공휴일이기 때문이다. 하지만 학사 일정이 성금요일 전 주 금요일에 끝나기 때문에 실제로 대부분의 사람이 그때부터 부활절까지 일주일 내내 휴가를 보낸다.

여름철 휴가기간은 6월 중순에서 8월 중순까지로 학교들은 8주간 방학이다. 노동자들은 여름 휴가철 동안 연속 3주간의 휴가를 낼 수 있다. 그 기간에는 동료의 휴가 일정과 상관없이 모두가 원하는 기간에 휴가를 사용할 수 있다. 순조로운 회사 운영을 위해 노동자가 원하는 기간에 휴가를 내지 못하도록 하는 것은 법으로 금지되어 있다.

그리고 학교의 중간고사가 끝난 뒤 시작되는 겨울 휴가 주간은 지역별로 차이가 있지만 주로 2월 중순으로, 이 기간에는 많은 이들이 스키를 즐긴다.


## **언제든** 마시는 커피

노르웨이 회사에서는 언제든 드립커피를 마실 수 있어 따로 커피타임을 마련해두고 있지 않다. 사람들은 주로 진한 블랙커피를 마시며, 커피에 설탕을 넣기는 하지만 우유를 넣는 경우는 절대 없다.

사무실에 뒷자리가 0으로 끝나는 나이의 생일을 맞거나 퇴직을 하는 직원이 있으면 동료들이 축하케이크를 준비해 조촐한 파티를 연다. 이런 경우에는 오후에 잠깐 일을 중단하고 모두가 축하해준다.

## 점심시간

회사 내에서도 직원별로 차이가 있긴 하지만 11시가 지나면 대부분 30분간의 점심시간을 갖는다. 일부 대기업에서는 직원 식당에서 따뜻한 음식을 제공하기도 하지만 전통적으로 노르웨이에서는 점심에 따뜻한 음식을 먹는 경우가 드물다. 주로 빵과 치즈, 차가운 육류, 생선, 샐러드와 과일로 구성된 간단한 뷔페가 제공되고 직원들은 매월 일정 비용을 내고 뷔페를 이용하는 것이 일반적이다.

## 업무상 접대

업무상 접대를 집에서 하는 일은 결코 없다. 노르웨이 사람들은 일과 가정을 철저히 분리하는 편이다. 같은 선상에서, 업무상 식사란 것도 존재하지 않는다. 실제로 회사에 방문한 손님과 외부에 나가 점심을 함께 먹는 일도 거의 없다. 외식 문화도 발달하지 않았을뿐더러 손님과 함께 와인이나 음료를 곁들인 식사를 한다면 그 비용을 감당하기가 힘들 것이다.

업무상 접대는 따로 행사를 열어 진행하는 경우가 많다. 아니면 지역에서 열리는 재즈 페스티벌 같은 행사를 활용할 수도 있다. 기업에서 재즈 밴드와 저녁식사, 음료 등이 다 갖추어진 장소를 섭외하고 고객 모두를 초대해 행사를 열기도 한다. 이러한 방법으로 많은 고객을 차별 없이 대접할 수 있기 때문이다.

노르웨이 업무 세계에서 뇌물은 절대로 통하지 않는다. 뇌물로 보이는 것이라면 어떤 것이든 피하는 것이 좋다. 일부 기업에서는 매년 초 직원들에게 선물을 주고받지 말라는 서신을 보내기도 한다. 모든 선물은 소득으로 신고하고 과세가 가능한 것이어야 한다. 예를 들어 크리스마스에 선물이 들어오면 모두 모은 다음 직원들이 나누어 갖는다.

## 노동조합

노르웨이 노동자 중 대략 4분의 3이 노조에 가입되어 있다. 노조는 기본적으로 직업군에 따라 나누어져 있는데 육체노동직과 사무직, 연구원 및 전문직을 중심으로 구분된다. 이러한 단체들은 모두 노르웨이 민주노동조합총연맹에 소속되어 있다. 육체노동자의 수가 노조 가입원의 반 이상을 차지하며, 연구원 및 전문직의 수가 약 25%로 그 뒤를 따른다. 연구원 및 전문직 노조에는 여성 노동자의 가입률이 상당히 높아 약 76%의 노조원이 여성으로 이루어져 있다.

최근 몇 년간은 노조의 신규 가입자 수가 줄고 있는 추세로 IT산업 분야와 같은 일부 업계에서는 고용주나 직원들이 노조 가입자를 반기지 않는 경향도 있었다. 이러한 분위기 때문에 노조에서도 젊은 노동자들을 끌어들이기 위해 새로운 방안을 모색하고 있다.

노르웨이에서는 노조와 고용주 간의 관계가 전반적으로 좋은 편이다. 노조는 기업의 의사결정에 중요한 역할을 하며 이사회의 3분의 1을 노동자로 구성할 것을 요청할 권리가 있다. 노조위원 또한 직원 고용과 해고에 관여하기도 한다.

노조에는 자발적으로 가입할 수 있고 가입에 제한 요건은 없다. 또한 업무 종류 때문에 노조 가입 권리를 박탈할 수 없다. 일반적으로는 클로즈드 숍(노동조합원만을 고용하는 사업소를 의미함–옮긴이) 합의도 허용되지 않는다.

## **노사분규**와 노동법

세계대전 이후 활발한 노조운동 덕분에 노르웨이의 노동자들
은 힘을 얻었고 오늘날까지도 노동자의 권리는 제대로 보호받
고 있다. 근로기준법은 고용 조건, 고용인의 권리 및 책임, 고
용주의 의무 사항에 관해 정하고 있다. 기업의 생산성 저하와
같은 상황에 따라, 혹은 직원이 위법 행위를 저질렀을 때 고용
인은 해고될 수 있다. 근무기간에 따라 비교적 긴 시간을 두고
해고를 통보하며 일정 기간 유급 근무 후 해고해야 한다. 고용
인은 해고가 부당하다고 생각되면 노동부 근로감독관의 감찰
을 요청할 권리가 있다. 사실상 노르웨이 노동법은 노동자에게
유리한 편이고 누군가를 비난하지 않는 문화가 팽배한 환경이
다 보니 직원을 적법 절차에 따라 해고하기가 쉽지 않다. 이러
한 상황에서는 퇴직금을 더 주고 내보내는 등의 다른 방법을
고안한다.

근무 조건 및 연봉 협상은 (산업별로) 2년에 한 번 진행된다.
합의한 내용은 협상기간이 끝나고부터 2년간 유효하다. 그 결
과 주요 협상이 진행되는 해에는 협상이 없는 해에 비해 노
사분규와 파업이 많이 일어난다. 일례로 (주요 협상이 진행되었던)

2014년 노사분규 때문에 각 노동자가 파업한 일수를 합치면 총 14만 8,000일에 달했지만 이듬해에는 2만 5,000일에 그쳤다. 파업에 참여한 노동자의 80%는 교통산업 종사자였다. 노르웨이 시민들은 격년에 한 번씩 파업이 진행될 때마다 체념하고 불편을 감수한다. 2~3일 정도 버스가 다니지 않고 도로에서는 트럭을 볼 수 없다. 하지만 노사분규는 비교적 빠른 기간 내에 해결되는 편이다.

노르웨이 노조연맹과 노르웨이 경영자연맹이 합의에 이르지 못할 경우는 노사분규 중재를 요청하게 된다.


## **경영** 모델


예상했겠지만 노르웨이의 기업문화는 계급을 중시하지 않는다. 기업 내에서 직위나 위치가 그리 중요하지 않다고 볼 수 있다. 직원들은 상사와 자신의 위치를 동일시하며, 모두가 팀의 구성원이라고 생각한다. 직위 대신 서로의 이름을 부르는 업무 환경에서 강압적인 경영 방식은 잘 통하지 않는다. 위협적인 방식으로 업무를 지시하는 것은 노르웨이 사람들의 가치와 어긋나며 직원들이 상사를 두려워하는 경우도 없다. 노르웨이 사람들은 목소리를 높이거나 발을 쿵쿵거리며 강압적인 위력을 행사하는 사람들을 기본적으로 존중하지 않는다. 그런 행동을 했다가는 조롱거리가 되고 말 것이다.

노르웨이 기업문화는 공동책임을 중요하게 여긴다. 개별적으로 의사결정을 내리는 일은 거의 없다. 그룹이나 팀 단위로 많은 회의와 오랜 논의를 거쳐 의사결정을 내리는 것이 일반적이다. 덕분에 누구 한 사람을 탓하거나 비난하는 일도 없다. 어떤 문제가 생기면, 원인은 직원 개인이 아닌 회사에 있는 것이며 회사 차원에서 문제를 바로잡는다. 개인이 회사 문제로 힘들어할 수는 있지만 개인이 어떤 실수를 했다고 해서 책임을 추궁받고 해고당하는 일은 드물다.

## 【 팀빌딩 】

노르웨이 사람들은 팀워크를 매우 가치 있게 여긴다. 어린 학생들도 학교에서 협력하는 법을 배운다. 만일 누군가 잘못된 행동을 하더라도 무시하거나 배제하지 않는다. 팀의 일원이라면 서로를 용인해야 한다는 사실을 배우기 때문이다.

노르웨이 사회는 경쟁이 심한 곳이 아니며 이러한 문화는 업무 환경에도 반영된다. 관리자들은 직원들에게 자신만의 방식을 강요하기보다는 팀원들이 합의한 활동에 협력한다. 팀원들은 회사의 프로젝트나 제안 사항에 어떻게 대응할지 계획하는 데 아주 많은 시간을 보내지만, 일단 합의가 되었다면 누군가 주도적으로 관리하지 않더라도 모두가 각자의 역할을 감당하기에 충분한 능력이 있다고 간주한다.

팀 빌딩을 매우 중요시하는 노르웨이 기업들은 스포츠 활동을 통해 협동심을 기른다. 많은 기업이 산악지역에 오두막 시설을 소유하고 있고, 관리자는 팀원들과 함께 스포츠 활동을 하며 하루 이틀 정도를 보내기도 한다. 절기에 따라 카누나 스키 타기, 또는 오리엔티어링(산야에서 지도와 나침반을 이용해 일정한 지점을 통과한 뒤 목적지에 빨리 도달하는 것을 겨루는 경기-옮긴이)을 하기도 한다. 영국 기업들은 지역에서 운영하는 전문 교육과정에 참여하는 방법으로 팀 빌딩을 한다면, 노르웨이 기업들은 기업 내 스키 전문가나 조정 전문가를 활용해 자체적으로 해결하는 편이다.

## **노르웨이**의 유리 천장

외국인들은 노르웨이 정부 고위 인사 중 여성이 차지하는 비율을 보면서 노르웨이 여성들이 여권 신장에 성공했다고 생각할지도 모르겠다. 다른 많은 나라와 비교해보면 노르웨이 여성들은 권리 신장에 성공했다. 하지만 여성 노동자의 비율과 기업 고위직에서 여성이 차지하는 비율을 비교해보면 여전히 차별이 존재한다. 노르웨이 노동자의 절반 정도가 여성인데 기업 및 여러 산업 분야에서 중요한 위치에 오른 여성은 극히 일부에 불과하다. 통계에 따르면 여성 임원은 아직 드물고, 남성보다 급여가 적으며, 연봉 상승 속도도 느리다. "저는 유리 천장에 부딪혔고, 더 이상 뚫고 올라갈 수가 없습니다. 고위직에 오르는 것은 인맥에 달렸지요. 남성들은 인맥을 잘 형성하고 있습니다. 그들은 누군가의 능력을 보고 선택하는 것이 아니라 서로 잘 알고 믿을 수 있는 사람을 뽑습니다." 한 여성 임원이 일간지 〈아프텐포스텐〉과의 인터뷰에서 한 말이다.

1978년에 양성평등법이 시행되면서 노르웨이의 전반적인 분야에서 여권을 신장시키는 종합적인 법률을 도입했다. 특히 '60 대 40 규칙'은 이사회가 4인 이상인 공공기관의 경우, 최소 40%의 이사회 자리를 여성이 맡아야 한다고 규정했다. 그리고 2006년 공개 유한책임회사의 이사회도 40%를 여성에게 할당해야 하는 법이 제정되었다. 현재는 개인 회사의 이사회도 해당 법을 따르도록 강력히 요구되는 상황이다. 하지만 지금까지도 이사진의 여성 비율이 고위 경영진의 여성 비율로 이어지지는 않고 있다. 다만 정부 인사는 예외적이다.

공공기관에서는 여권 신장이 이루어졌고 많은 여성이 관리자로 활동하고 있다. 하지만 노르웨이 사람들은 평등이라는 가치에 매우 익숙하기에 여성 상급자가 남성 직원을 상대로 상급자임을 과시하는 일은 없다. 또한 여성 상급자는 남성 직원이 자신을 위해 문을 열어주기를 바라지도 않는다(물론 매너가 좋은 외국인 동료가 여성 동료를 위해 문을 열어준다면 기분 좋게 받아들일 것이다).

## 이사회 회의와 의사결정

유한회사의 경우 법적으로 연간 4회의 이사회 회의를 열고, 회의 내용을 모두 문서화해야 한다. 회의를 열기 위해 의제를 정하고 회의에 필요한 서류를 준비해 회의 진행을 원활히 하는 것은 사장의 역할이다.

이사회는 (주주인) 이사회 위원과 (주주 혹은 주주가 아닌) 사장, 그리고 '타수styresmen' 역할을 하는 전문 자문위원으로 구성된다. 회계사나 법률 전문가 등의 자문위원은 이사회 회원이 아니지만 회의에 도움을 주기 위해 참여한다. 자문위원이라는 명칭에 걸맞게 회의에 필요한 사항을 자문해 원활한 진행을 돕는 것이다. 하지만 투표권은 이사회 회원들만이 갖는다.

이사회를 비롯한 팀 회의, 프로젝트 회의, 관리자 회의 등은 노르웨이 업무 세계에서 매우 중요한 역할을 담당한다. 대립을 원치 않는 노르웨이 사람들은 합의를 통해 의사결정을 끌어낸다. 이같은 원칙은 비즈니스 환경에서 더욱 명확히 나타난다.

노르웨이 사람들은 논쟁이나 투표를 통해 결정을 내리기보다는 지속적인 협의와 양보를 거쳐 합의에 도달하기 때문이다.

이처럼 모든 측면을 세세하게 논의한 끝에 합의에 이르러야만 상황이 진전되기 때문에 의사결정 과정이 길어질 수 있다. 하지만 업무시간 내에 합의하지 못하더라도 저녁까지 회의가 계속되는 경우는 드물다. 회의를 하더라도 4시 퇴근은 꼭 지킨다! 회의는 다음 날 계속 진행된다.

대립을 피하는 노르웨이 사람들의 방식 때문에 외국인들은 때때로 당황하기도 한다. 순조롭게 잘 진행되는 듯 보이던 사업 회의가 결국 아무런 결론에 도달하지 못하는 경우가 있기 때문이다. 노르웨이 사람들은 어떤 제안이나 아이디어를 공개적으로 거절하기보다는 이후 전화를 주지 않거나 이메일 또는 서신에 답을 하지 않는 방식으로 대응한다.

## 프레젠테이션

노르웨이 사람들이 프레젠테이션을 할 때는 평범하고 단순하게 핵심만을 알려준다. 정직함을 가장 가치 있게 여기는 노르웨이인들은 특정 상품에 대해 과장하는 것을 달갑지 않게 여긴다. 사실 노르웨이 사람들은 자신이 제공하는 상품이나 서비스의 부족한 면이나 단점을 솔직하게 드러낸다. 이는 그들의 정직한 면모를 잘 보여줄 뿐 아니라 다른 분야에서도 정직의 가치를 중요하게 여긴다는 사실을 암시한다. 프레젠테이션을 할 때는 충분한 조사를 토대로 한 도식과 수치, 분석 결과를 구체적으로 드러내는 것이 좋다. 사실을 바탕으로 한 이익과 수익성을 강조해야 한다.

프레젠테이션 현장에서 노르웨이 사람들은 매우 정중하게 행동한다. 프레젠테이션을 경청한 뒤 관객들은 손을 들어 의문을 표시하거나 질문을 하므로 프레젠테이션 후에는 관객의 질문에 답할 충분한 시간을 남겨두는 것이 좋다. 이와 같은 선상에서 프레젠테이션 중에 갑자기 끼어드는 행위는 굉장히 무례한 행동으로 간주한다. 만일 발표자가 소개하는 내용에 찬성하지 않더라도 절대로 과격하거나 대립적인 태도로 의사를 표현하지 않는다.

오늘날에는 노르웨이에 외국계 기업들이 많이 들어와 있어 프레젠테이션을 영어로 진행하는 경우가 허다하다.

# 협상

협상 논의에서는 솔직하게, 그리고 핵심만을 논한다. 어떤 회의에서도 일상적인 대화나 농담을 주고받는 일은 없다. 다시 한 번 말하지만 합의에 이를 때까지 협의를 이어가면서도 흥정을 하거나 실랑이를 벌이는 것은 노르웨이 사람들의 전략이 아니다. 노르웨이 사람들은 직설적이면서도 솔직하고 분명하게 말하는 방식을 선호한다. 이들은 종종 자신들이 최종적으로 제시할 조건을 미리 알리고 협상을 시작하기도 한다. 즉 노르웨이 사람들이 너무 비싸다고 하면 정말로 너무 비싸서 합의를 못한다는 의미다. 노르웨이 기업들은 품질을 중요시하기 때문에 더 좋은 품질의 제품을 공급하는 업체가 있다면 즉시 계약 업체를 바꾸기도 한다. 그들은 단순히 '신제품'이라는 이유로 관심을 주지 않는다. 새로운 콘셉트의 제품이라도 품질이 우수하고 실용적이며 검증된 제품이어야만 받아들인다.

의사결정은 합의를 기반으로 한다. 고위직 관리자가 결정을 내리는 경우에도 중간급 관리자와 프로젝트 담당자의 의견을 무시하는 일이 없다. 의사결정 시에는 모든 대안을 상세히 검토하기 때문에 꽤 오랜 시간이 걸린다. 무엇보다도 강매 전략은 피해야 한다. 노르웨이에서 그러한 전략은 통하지 않는다. 노르웨이인들은 상품의 특징을 정확히 알리는 것에 가치를 둔다. 그들은 과장된 주장에 의구심을 품고 만일 상품이나 서비스에서 예상과 다른 문제가 발견되면 가차 없이 비즈니스 관계를 끊기도 한다.

많은 대기업에서, 특히 외국에 지사를 둔 기업인 경우는 영국인이나 미국인 협상가를 고용한다.

## **계약**과 이행

일단 계약을 맺고 나면 계약 당사자는 계약서에 기재된 기한 내에 반드시 합의사항을 이행해야 한다. 노르웨이 사람들은 계약서 조항 하나하나를 꼼꼼하게 살피기 때문에 여러분이 몇 가지 사항을 빠뜨리고 이행하지 않는다면 사업관계가 틀어질 뿐 아니라 신뢰 자체를 잃게 될 수 있다. 대기업에서는 담당 법조인을 고용해 계약사항에 빈틈이 없는지 철저히 확인하기도 하지만 국가의 법 자체가 계약서 조항 하나하나를 꼼꼼히 지키도록 정하고 있다. 예를 들면 비용 지불 기한에는 보통 30일까지 법적인 시간이 주어지는데, 기한을 초과하면 자동으로 금액이 상승한다.

다시 한 번 강조하지만 정직함이 가장 중요하다. 여러분이 처음 제안한 사항을 철저히 지키지 않는다면 상대 노르웨이 기업은 여러분에 대한 신뢰를 잃고 더 이상 거래하려고 하지 않을 것이다. 처음 협상 단계에서 과대 포장을 하거나 지키지 못할 약속을 하지 않도록 주의하자. 노르웨이 사람들은 일단 협상을 맺고 난 후 변경이나 추가사항이 생기는 상황을 달가워하지 않는다. 그리고 재협상을 하기란 굉장히 어렵다.

## 【 노르웨이 석유산업과 계약 】

업무 혹은 서비스 하도급 계약을 맺고자 하는 노르웨이 석유 기업에서는 적합한 업자를 찾기 위해 여러 업체와 관련된 데이터베이스를 조사한다. 신중하게 업체를 선정해 리스트가 정리되면 몇몇 업체에 프레젠테이션을 요청한다. 프레젠테이션 이후 기업의 담당 팀에서 자료를 넘겨받는다. 특정 직원이 선택에 대한 총체적인 책임을 떠맡는 것을 방지하기 위해 팀이 함께 의사결정을 내리는데, 이러한 절차는 누군가를 탓하지 않는 노르웨이 문화에서도 잘 엿볼 수 있다. 몇 군데의 업체를 검토하고 나면 입찰을 공고한다. 최소 세 군데의 업체를 선정해 입찰을 시행한다. 최종 선정 과정은 시간이 꽤 걸릴 수 있지만 한번 결정이 내려진 후 일을 시작하기까지의 과정은 신속하게 진행된다.

계약서는 노르웨이 법에서 정하는 법적 문서로 노르웨이어 또는 영어로 발행되거나 두 언어 모두를 사용해 발행한다. 일반적으로 초안을 작성할 때부터 문자 하나하나를 꼼꼼히 검토하기 때문에 변경이 필요하다면 검토를 진행하는 시점에 협상을 통해 적용할 수 있다. 물론 변경사항을 적용하기 전 계약 당사자인 기술자와 상사, 회계사 등이 모두 확인을 해야 한다.

계약 기한은 보통 5년으로 하며 임금상승률도 포함되어 있다. 임금상승률은 중앙통계청에서 발행한 물가상승률을 기반으로 한다. 보통 이 수치에 상수를 곱해 물가상승률의 90%를 반영하기 때문에 계약기간을 너무 길게 잡을 경우 물가상승률이 정확히 반영되지 않으므로 임금상승률에서 손해를 볼 수도 있다. 계약상 비용 지불 기한은 보통 30일까지 주어진다. 기한을 초과하면 자동으로 이자가 붙는다.

# **회사** 설립하기

노르웨이 경제는 국제교역 의존도가 매우 높아서 정부는 해외 투자를 반기며 외국인 투자자들이 노르웨이 기업의 3분의 1까지 소유할 수 있도록 정하고 있다. 노르웨이 기업과 합작사업을 추진하도록 독려하기도 한다.

노르웨이에서 기업을 설립하려는 외국인 투자자는 노르웨이 산업부에서 정한 기준에 따라 허가를 받아야 한다. 해당 기준에 따르면 기업을 운영할 때는 노르웨이 자원과 인력을 우선으로 사용해야 한다. 노르웨이에서 특정 기술을 가진 인력을 구할 수 없을 경우에만 외국인 인력을 고용한다. 건물 사용을 위해서는 반드시 지역당국의 허가를 받아야 하며, 모든 신규 회사는 일정 비용을 내고 회사등록담당역원에 등록해야 한다. 세무서와 사회보장 담당 부서에도 등록한다.

노르웨이 거주자가 사업을 시작하려고 하는 경우 외부에서 자금을 모으기는 쉽지 않다. 노르웨이 은행에서는 외국 기업에 중단기 대출을 해주지만 장기 대출을 받기 위해서는 개인 투자자를 찾아야 할 것이다. 대출을 받기 위해서는 예상되는 현금 흐름에 관한 정보와 상환기간을 비롯해 구체적인 사업 계획을 제출해야 한다.

노르웨이 정부에서는 지역발전 기금과 중소기업 기금을 통해 외국인 투자자들에게 대출, 지원금, 전문가 상담 등 다양한 형태의 장려책을 제공하고 있다.

현지에서 직원을 고용하고자 하는 기업은 노르웨이의 엄격한 노동법과 계속해서 변하는 복잡한 세금 체계에 익숙해질 필요가 있다. 이러한 부분은 필히 전문가의 도움을 받도록 하자.

09

/

# 의사소통

지형과 기후 때문에 지역별로 고립된 생활을 해온 노르웨이 사람들은 다양한 방언을 사용해 왔다. 덴마크와 분리된 이후에는 수년간 독립적인 국가를 이룩하고자 하는 열망으로 덴마크어의 영향을 줄인 자국어를 되찾고자 했고, 많은 덴마크 단어를 노르웨이 방언으로 대체하는 작업을 했다. 노르웨이에는 보크몰과 뉘노르스크라는 두 가지 공식 언어가 있다.

# 언어

사람들은 인구가 총 529만 명인 노르웨이에 529만 가지 방언을 사용하는 사람들이 있다고 말하곤 한다. 물론 과장이 섞인 농담이긴 하지만 지난 수 세기 동안 지형과 기후 때문에 지역별로 고립된 생활을 해온 노르웨이 사람들은 주로 고대 노르웨이어에 뿌리를 둔 다양한 방언을 사용해왔다.

노르웨이 사람들은 덴마크와 분리된 이후 수년간 독립적인 국가를 이룩하고자 하는 열망으로 덴마크어의 영향을 줄인 자국어를 되찾고자 했고, 많은 덴마크 단어를 노르웨이 방언으로 대체하는 작업을 했다. 이후 20세기 초반에 철자법 개혁을 시행해 문어와 구어가 상당히 일치하기에 이르렀고, 덕분에 노르웨이 어린이들은 영어권 아이들보다 쉽게 철자법을 익힐 수 있게 되었다. 오늘날에는 영어권 등에서 외국어가 유입되면 노르웨이어 철자법에 맞추어 표기한다.

노르웨이에는 두 가지 공식 언어가 있다. 문자 그대로 책 언어라는 의미의 보크몰bokmål과 새로운 노르웨이어라는 의미의 뉘노르스크nynorsk로, 두 언어 모두 공식 언어로서 동등한 위치를 지니며 학교에서도 두 표준어 모두를 가르친다. 보크몰은 전통적으로 사회적인 위상을 지녔으며, 노르웨이의 위대한 작가들이 사용했던 언어이기도 하다. 하지만 실상 두 언어에 큰 차이는 없다. 보크몰은 거의 모든 학교에서 가르치며 주요 신문과 텔레비전 방송에서 사용하는 언어다. 보크몰은 주로 문어체로 사용되고, 뉘노르스크는 구어체로 사용된다.

북쪽 지방에 거주하는 사미인들은 자신들만의 고유한 언어를 사용하며 사미인의 자녀들은 초등학교에서 사미어를 배운다. 사미어는 우랄 어족의 한 줄기인 핀·우그리아어파의 일종으로 핀란드어와 에스토니아어와 같이 핀어군과 밀접한 연관성을 가지고 있다.

노르웨이어는 게르만어파에 뿌리를 두고 있으며 스웨덴어나 덴마크어와 매우 유사해 북유럽 사람들은 큰 어려움 없이 서로의 언어를 이해한다. 바이킹이 여러 나라를 침략했던 8~9세기에는 영어가 노르웨이어의 영향을 받았다. 사실 영어는 생각보다 노르웨이어와 상당히 비슷하다. 노르웨이어에서는 자음끼리 붙여놓기도 하는데, 영어식으로는 발음하기가 쉽지 않다. 노르웨이어에는 영어의 알파벳에 3개의 모음이 추가로 더 있다. 바로 æ, ø, å다. 노르웨이 단어인 'kjølig'가 영어식으로는 발음이 불가능해 보이지만 사실 '셜리(shurly)'로 발음되고, 영어의 '칠리(chilly)'와 같은 의미이기 때문에 결국 크게 다르지 않다.

다행스러운 것은 경제활동을 하는 연령대의 노르웨이 사람들 대부분이 영어를 꽤 유창하게 구사할 줄 안다는 점이다. 노르웨이 아이들은 학교에 들어가자마자 영어를 배우고 제2외국어로는 프랑스어나 독일어를 배운다. 노르웨이어의 어휘 수는 영어의 어휘 수보다 적다. 때문에 노르웨이 사람들이 노르웨이 말을 직역해서 영어로 말하는 경우 영어 단어만의 뉘앙스를 잘 살리지 못하는 경우가 있어 퉁명스럽게 들릴 수도 있다.


## 대화

주변 북유럽 국가 사람들과 마찬가지로, 노르웨이 사람들은 말하기에 앞서 미리 생각하고 말한다. 외부인의 눈에는 이러한 대화 방식이 자칫 너무 느리고 부자연스럽게 보일지도 모르겠다. 그리고 대화를 빠르게 이끌기 위해 여러 가지 질문을 퍼붓고 싶은 충동을 느낄지도 모른다. 하지만 노르웨이 친구에게 많은 질문을 던지는 행동은 자제하도록 하자. 외국인들은 개인적인 질문을 관심의 표현으로 느낄지 모르지만 노르웨이 사람들은 무례하고 거슬리는 주제로 느낄 수 있다. 되도록이면 가볍고 일반적인 주제로 대화를 이끌어가는 것이 좋다. 스포츠나 지역 명소, 여행, 노르웨이에 대한 칭찬은 언제나 안전한 주제들이다.

노르웨이 사람들은 언제나 자신의 언행에 신중하므로 대화를 나눌 때 표정이 심각해 보이기도 한다. 때로는 차갑고 정이 없어 보일 수 있지만 일부러 그러는 것은 아니다. 그들은 단지 대화에 집중해 상대의 말을 주의 깊게 듣고 있을 뿐이다. 또한 노르웨이 사람들은 상대의 영어를 잘 이해하긴 하지만 영어로 유창하게 말하지는 못하기 때문에 머릿속으로 영어 문장을 구성하는 데 시간이 조금 걸릴 수 있고, 여러분이 예상하는 단어를 선택하지 않을 수도 있다는 점을 기억하자. 이와 더불어 그들의 대답이 매우 형식적으로 들릴 수 있다는 점도 염두에 두자. 가장 중요한 것은 서둘지 않는 것이다. 대화가 잠시 중단되어도 자연스럽게 받아들이고 노르웨이 친구가 말할 때까지 기다리며, 그들에게 대화의 주도권을 주자.

다른 영역에서도 정직함에 큰 가치를 두는 노르웨이 사람들은 말을 할 때도 의도한 말만 하고 무심코 던지는 식의 언행은 하지 않는다. 이처럼 단순명쾌한 태도와 한담을 거의 나누지 않는 그들의 대화 방식 때문에 뱅뱅 돌려 이야기하는 데 익숙한 외국인의 눈에는 너무 직설적으로 보일 수 있다. 노르웨이인과 가까운 친구가 되기 전에는 분위기를 띄우려는 목적으로 즉흥적인 농담을 던지지 않도록 주의하자. 노르웨이 사람들은 십중팔구 그러한 농담을 진지하게 받아들이므로 여러분이 농담을 던지며 기대한 미소는 볼 수 없을 것이다.

노르웨이에서 마주한 불쾌하거나 어려운 상황에서 분위기를 완화하는 대화를 기대했던 외국인이라면 노르웨이인의 직설화법 때문에 실망하게 될 것이다. 예를 들어 병원에서 의사와 상담할 때 노르웨이 의사들은 매우 직설적으로 요점만 말하고, '환자를 대하는 태도' 따위는 보여주지 않는다.

## 보디랭귀지

노르웨이 사람들의 내성적인 성격은 보디랭귀지 사용에도 영향을 미친다. 노르웨이 사람들은 말하거나 동작을 취할 때 야단스럽지 않다. 대화 중에도 그들은 양쪽 팔을 몸 쪽으로 가지

런히 두고 있다. 자신의 주장을 강조하기 위해 대화 상대의 팔이나 어깨를 건드리는 일은 상대를 굉장히 불쾌하게 만들 것이다. 대부분 북유럽 사람들이 그러하듯, 노르웨이 사람들은 남부 유럽인들과는 달리 서로 일정 거리를 유지하며 대화를 나눈다. 그렇다고 해서 노르웨이 사람들이 자신만의 공간에 유독 집착하는 것은 아니다. 노르웨이 사람들은 공공장소에서 누가 옆에 바짝 붙어 서면 그 사람은 스타방에르 지방 출신일 거라고 말하기도 한다!

특히 오슬로의 공공장소에서 사람들의 행동을 보고 놀라지 말자. 사람들은 버스나 지하철을 타고 내릴 때 마치 상대방이 보이지 않는다는 듯이 어깨를 밀치며 앞만 보고 걷는다. 최근 오슬로에서 버스와 지하철, 트램, 페리 서비스를 운영하는 회사인 루터는 먼저 탄 승객들이 하차할 때까지 기다렸다가 승차하자는 공공광고를 여러 곳에 붙여놓기도 했다. 외국인에게는 상식처럼 통할지 몰라도 자신만의 공간을 충분히 갖는 것에 익숙한 노르웨이 사람들은 공간을 타인과 공유해야 한다는 사실을 잊는 듯하다!

노르웨이 사람들은 대화를 나눌 때 심각한 표정으로 상대의 눈을 계속 응시해 외국인인 대화 상대를 불안하게 만들기도 한다. 하지만 그들은 상대방을 존중하는 태도로 대화 내용에 집중하는 것이다. 시선 맞춤은 저녁 만찬 자리에서 건배를 들 때도 굉장히 중요하게 여겨지는 행동이다. 동료들과 '스콜'을 외칠 때 계속해서 눈을 맞추어야 한다.

대화 중 노르웨이 사람이 계속해서 고개를 끄덕인다 해도 여러분이 하는 말에 동의한다는 의미는 아니다. 작은 목소리로 짧은 숨을 들이쉬듯 '아' 하고 맞장구를 치며 고개를 끄덕인다면, 그냥 상대의 말을 잘 듣고 있다는 의미로 생각하면 된다.


## 유머

외국인들은 심각한 대화를 나눌 때마다 '속마음을 알 수 없는' 표정을 짓곤 하는 노르웨이 사람들을 보며 그들에게 유머 감각은 전혀 없을 것이라 예상한다. 하지만 이는 조금 잘못된 생각이다. 사실 노르웨이 사람들은 천연덕스러운 유머 감각을 자랑한다. 말수가 적은 노르웨이인의 특징이 유머 감각에도 깃들어 있으며, 거의 모든 국민이 이웃 나라인 스웨덴 사람들에 관한 농담을 취미처럼 즐겨 한다.

노르웨이 사람들의 유머 감각을 두 눈과 귀로 직접 확인하고 싶다면 매년 여름 스타방에르에서 열리는 노르웨이 코미디 축제에 가보도록 하자.

## TV와 라디오

최근에는 노르웨이에서 볼 수 있는 TV 채널 수가 많이 증가했다. 2개의 TV 채널(NRK1, NRK2)을 운영하는 공영방송 NRK와 민간 방송국 TV 노르혜 및 TV2가 있다. 2007년부터 공영방송에서는 어린이와 젊은 층을 겨냥한 NRK Super와 NRK3도

각각 운영하고 있다. TV3는 노르웨이와 스웨덴, 덴마크의 공동 채널로 각국 언어로 방송을 내보낸다. 다른 북유럽 국가의 채널을 검색해서 보는 것도 가능하다. 노르웨이는 영국, 미국, 호주 등 영어권 국가에서 많은 TV 프로그램을 수입해 더빙 없이 자막만 띄워 방송한다. 영어 프로그램만 방송하는 케이블 채널도 있어 영어 방송을 찾기란 그리 어렵지 않다. 특정 지역에서는 위성방송 및 케이블 TV도 볼 수 있으며 비아샛, 카날 디지털, 겟이 규모가 가장 큰 케이블 방송 업체다. 넷플릭스나 HBO와 같은 온디맨드(공급 중심이 아니라 수요가 모든 것을 결정하는 시스템-옮긴이) 서비스 제공 업체는 타국가에서와 다른 프로그램을 제공하지만 날로 인기가 높아지는 추세다. 2009년부터 디지털 방송이 기준이 되었고, TV를 소유하고 있는 가정에서는 어떤 채널을 시청하는가에 상관없이 연간 2,800크로네의 수신료를 내야 한다.

2009년 NRK에서는 오슬로에서 베르겐까지 7시간이 걸리는 기차 여행 구간을 방송으로 찍어 내보낸 적이 있다. 중간중간 기관사와 승객, 역사학자들의 인터뷰를 담고 고문서 자료들도 보여주었다. 인구의 약 20%에 이르는 100만 명이 이 방송을 시청했으며 이와 더불어 '느린 TV'라는 트렌드가 생겨났다! 다른 프로그램에서는 134시간 동안 연안 쾌속선을 타고 베르겐에서 시르케네스까지 가는 여정을 보여주었다. 어떤 방송에서는 8시간 동안 실제 벽난로를 피우는 모습을 보여주고 나무 전문가의 이야기도 들려주며 12시간짜리 프로그램을 방영한 적도 있다.

2017년 노르웨이는 세계 최초로 국내망을 디지털 오디오 방송으로 전환했다. 아날로그 라디오 방송을 디지털로 전환하면 운전자 중 절반 정도는 새로운 수신기나 어댑터를 구매해야 방송을 들을 수 있었기 때문에 논란이 되기도 했다. 이제는 북유럽에서도 영어로 방송하는 BBC 월드 라디오와 NATO 라디오 프로그램을 들을 수 있다.


## 신문

노르웨이 사람들은 자국의 신문을 사랑한다. 국가에서 집행하는 광고와 정부지원금, 대출 제도 덕분에 150여 종의 일간지 및 지역신문이 매일 발행된다. 많은 신문사가 정당과 밀접한 관계를 맺고 있는 것이 사실이지만 정당에서 지원하는 풍족한 지원금이 없었다면 규모가 작은 많은 신문사는 살아남지 못했을 것이다. 이렇듯 언론을 중시하는 풍조는 디지털 세대로 확장되었으며, 노르웨이 미디어의 디지털 구독자는 전 세계에서도 상위권에 든다.

큰 타운 지역을 기반으로 한 주요 일간지는 대개 독자적인 언론이다. 〈아프텐포스텐〉이 전국적으로 발행 부수가 가장 많지만 〈베르덴스 강〉과 〈다그블라더트〉 또한 굉장한 영향력을 지니고 있다. 트론헤임 지역신문인 〈아드레스아비슨〉과 베르겐의 〈베르겐스 티덴드〉는 가장 규모가 큰 지역일간지다. 대표적인 경제일간지는 〈다겐스 나링스리브〉다. 도심지의 카페에 가면 이러한 일간지들이 비치되어 있다. 영어로 발행되는 신문은 없지만 최근 언론사들이 온라인을 통해 영어 뉴스를 제공하고 있으며, 대표적으로 〈더 포리너〉와 〈더 로컬〉이 있다.

노르웨이에서는 모든 주제에 관한 다양한 분야의 주간 및 월간 정기간행물을 찾아볼 수 있다. 규모가 큰 타운에서는 (나르베센 편의점 체인과 같은) 신문가판대에서 다양한 외국 신문과 잡지를 구할 수 있다.

# 전화

노르웨이는 유럽에서도 가장 선진화된 통신망을 자랑한다. 텔레노에서 운영하는 전화 시스템은 매우 안정적이다. (동전을 넣고 전화를 거는) 공중전화 또한 여전히 사용된다. 노르웨이 동전인 1, 5, 10, 20크로네 모두 사용이 가능하지만 점점 더 많은 공중전화가 카드 전용으로 바뀌는 추세다. 카드는 텔레노 상점이나 우체국, 신문가판대, 지하철역 및 몇몇 슈퍼마켓에서 살 수 있다. 대부분 호텔에도 방마다 전화기가 비치되어 있지만 호텔전화를 사용하면 상당한 추가요금 때문에 당황하게 될지도 모른다. 여행 중에는 휴대전화를 사용하는 것이 가장 편리할 것이다. 선불 요금을 내고 사용하는 SIM 카드는 텔레노 또는 텔리아에서 구매할 수 있으며, 비용은 약 200크로네(대략 2만 6,000원)부터 시작된다. SIM 카드를 살 때는 신분증을 지참하자. 만약 노르웨이에 오래 머무를 계획이라면 지역 서비스 업체에 가서 휴대전화 약정을 맺고 사용하길 추천한다.

　노르웨이에서 사용하는 전화번호는 언제나 8자리 수로 이루어져 있고, 첫 2자리는 지역 코드를 나타낸다. 노르웨이 사람들이 전화번호를 알려줄 때는 꼭 2자리씩 짝을 지어 말한다. 예를 들어 전화번호가 27558321이라면 27, 55, 83, 21이라고 불러줄 것이다. 만일 상대가 여러분의 전화번호를 묻는다면 같은 방식으로 번호를 알려주는 것이 좋다.

다른 나라에서 노르웨이로 전화를 걸려면 '00 47'을 누른 뒤 8자리로 된 전화번호를 누르면 된다. 노르웨이에서 외국으로 전화를 걸 때는 국제번호 00을 누른 뒤 국가코드를 누른다. 영어를 구사하는 전화교환원과 통화하려면 117로 전화를 걸면 된다.

노르웨이 사람들은 최신 기술을 잘 받아들이기 때문에 대부분이 휴대전화를 사용한다. 유럽연합과 유럽경제협약에 가입한 국가들 사이의 로밍법이 최근 변경되면서 유럽 국가에서는 노르웨이 전화번호와 데이터를 추가요금 없이 사용할 수 있게 되었다. 달리 말해 타유럽 국가에서 가입한 전화번호와 통화 요금제를 노르웨이에서도 사용할 수 있다.

| 알아두면 유용한 전화번호 | |
| --- | --- |
| 노르웨이 국제전화 코드 | 00 47 |
| 번호안내 서비스(북유럽) | 1881 |
| 번호안내 서비스(국제) | 1882 |
| 전화교환원(국제전화) | 115 |
| 경찰 | 112 |
| 소방서 | 110 |
| 구급차 | 113 |

# 우편

우체국 업무는 보통 아침 8시나 8시 30분에 시작해 오후 4시나 5시에 마감하며 월요일부터 금요일까지 일한다. 토요일에는 오전에만 문을 연다. 큰 타운에 있는 일부 우체국은 연장업무를 하기도 한다. 하지만 여름 휴가철에는 많은 우체국이 1시간 정도 일찍 문을 닫는다.

우편 요금은 두 가지로 나뉜다. A-포스트는 익일 특급우편으로 북부 지방까지는 이틀이 걸리지만, 일반적으로 바로 다음 날이면 우편이 들어간다. B-포스트는 비교적 저렴한 우편으로 배달기간이 조금 더 걸리며, 사실상 대량 우편에만 사용된다. 우편함의 투입구는 국내와 국외용으로 구분되어 있으니 노르웨이 지역으로 보낼 우편인지 외국으로 보낼 우편인지 잘 확인한 후 투입해야 한다. 우편 서비스는 효율적인 편으로, 유럽 지역으로 보내는 우편은 이틀에서 사흘 정도 소요되고, 미국으로 가는 우편은 일주일에서 열흘 정도 걸린다.

## 최신 기술

수 세기 동안 고립된 계곡 마을에 거주하며 험난한 지형 때문에 바로 옆 마을 주민들과도 소통하기가 힘들었던 노르웨이 사람들은 새로운 기술이 등장하며 편리한 기기들이 나올 때마다 진심으로 기뻐했다.

유럽에서도 가장 선진화된 통신망을 구축한 나라 중 하나인 노르웨이는 통신혁명의 중심에 자리하고 있다. 시골 지역이 아주 많은 노르웨이에서는 일반 전화보다는 이동통신 전화가 더 널리 사용된다. 노르웨이는 세계에서 이동통신 전화를 가장 먼저 도입해 활용한 나라 중 하나다. 오늘날에는 사용되는 휴대전화의 수가 노르웨이 인구 수를 넘어섰다.

노르웨이 사람들은 인터넷이 처음 등장했을 때 역시 편리함을 굉장히 빨리 깨달았다. 월드 와이드 웹이 세계로 뻗어 나가기 시작한 초기, 많은 노르웨이 사람들이 인터넷을 연결한 컴퓨터를 사용했으며 다른 나라에 비해 노르웨이의 인터넷 사용률이 높았다.

노르웨이는 세계에서 인터넷을 가장 먼저 받아들인 나라 중 하나다. 높은 산맥과 피오르로 많은 지역이 나누어진 나라에 서 이메일은 굉장히 훌륭한 의사소통 수단이었다.

대부분 호텔에는 와이파이가 설치되어 있고 카페나 레스토 랑, 회사에서도 와이파이가 잘 연결된다. 공공도서관에서도 인 터넷을 편리하게 사용할 수 있다. 심지어 노르웨지안항공에서 는 비행기 내부에도 와이파이를 설치했을 정도로, 노르웨이에 서 인터넷 연결이 아예 안 되는 곳을 찾기란 쉬운 일이 아닐 것이다!

## 결론

노르웨이 사람들은 자신들을 소개할 때 단순한 취향을 가진 단순한 사람이라고 묘사하길 좋아한다. 물론 자연을 깊이 존 중하는 마음가짐으로 산속을 거닐고, 피오르 해안에서 수영 을 하고, 별빛이 가득한 하늘 아래서 캠핑을 즐기는 그들이 복 잡하지 않은 환경 속에서 즐거움을 만끽하는 것은 사실이다.

하지만 21세기인 오늘날, 그들은 매우 문명화된 사회에서 고등교육을 받은 시민들이자 매우 성공한 사회의 주역들이다.

노르웨이는 비록 작은 나라이긴 하지만 세계 무대 뒤편에서 평화를 위해 힘쓰는 중재자 역할을 맡고 있다. 뜻밖에 석유를 발견하며 엄청난 부를 쌓은 노르웨이는 모든 국민이 삶의 질을 증진하도록 힘쓰고, 가난한 나라에도 도움의 손길을 베풀었다.

UN에서 발표하는 살기 좋은 나라 지표의 상위권에 항상 이름을 올리는 노르웨이는 타국가의 모범이 되었고, 많은 나라에서 노르웨이의 사회제도와 개발 모델을 배우기 위해 노력한다. 노르웨이는 이웃 북유럽 국가들과의 연합을 통해 안정적인 관계를 유지하면서도, 언제든 필요하면 홀로 설 수 있다는 자신감을 품고 있다.

노르웨이 국민은 애국심이 강하고 예의가 바르며, 관대하고 솔직할 뿐만 아니라 매우 열심히 일한다. 대부분 국민, 특히 젊은 사람들이 영어를 유창하게 구사한다는 점 때문에 노르웨이 사람들과 친해지기 쉽다고 여길 수 있고, 그들의 생각을 쉽게 파악할 수 있다고 생각할 수 있다. 하지만 내성적인 노르웨이 사람들은 자신의 감정을 겉으로 잘 드러내지 않기 때문에 노르웨이 사람을 처음 만나보는 외국인들은 혼란스러워할지도 모른다.

사실 노르웨이 사람들을 이해하기 위한 열쇠는 시간과 인내심과 그들을 존중하는 마음이다. 북유럽 사람들은 신뢰와 진정성, 정직을 바탕으로 우정을 쌓는다. 이 가치들은 모두 시간이 필요한 것들이다. 시간을 투자해 이러한 관계를 쌓아갈 준비가 되었다면 따뜻한 마음을 가진 노르웨이 친구에게 환영받는 경험을 하게 될 날이 머지않았을 것이다.

# 참고문헌

Brady, Michael, and Belinda Drabble. *Living in Norway: A Practical Guide*. Oslo: Palamedes Press, 2000.

Brimi, Arne. *A Taste of Norway*. Oslo: Norwegian University Press, 1987, 1990.

Cleary, Paul. *Trillion Dollar Baby: How Tiny Norway Beat the Oil Giants and Won a Lasting Fortune*. Melbourne: Black Inc. books; 2016.

De Vries, André. *Live and Work in Scandinavia*. Oxford: Vacation Work, 1995, 2002.

Goth, Brian. *In the Desert of the Blue-Eyed Arabs: Cross-Cultural Management in the Norwegian Oil Industry from an Expatriate Perspective*. Working Paper 85/12. Oslo: Bedriftsokonomisk Institutt, Norwegian School of Management, 1985.

Lee, Phil. *The Rough Guide to Norway*. London: Rough Guides, 2017.

Libaek, Ivar, and Øivind Stenerson (transl. Joan Fuglesang and Virginia Singer). *History of Norway: From the Ice Age to the Oil Age*. Oslo: Grøndahlog Dreyers Forlag AS, 1991, 1992.

Midgård, John. *A Brief History of Norway*. Oslo: Johan Grundt Tanum Forlag, 1963, 1971.

O'Leary, Margaret Hayford. *Culture and Customs of Norway* (Culture and Customs of Europe). Santa Barbara, CA: Greenwood, 2010.

Roddis, Miles. *Norway* (Lonely Planet Country and Regional Guides). London: Lonely Planet Publications, 2005.

Slingsby, Cecil. Norway: *The Northern Playground*. Aberdeen: Ripping Yarns.com, 2003.

Streiffert, Anna, and Snorre Evensberget. *Norway*. Kent: Eyewitness Travel Guides, Dorling Kindersley, 2004.

지은이

## 린다 마치

고국을 떠나 국외에서 거주하는 가정에 영향을 미치는 문제들에 특별한 관심을 둔 작가다. 스코틀랜드 에든버러에서 태어난 그녀는 영국 해군이었던 부모를 따라 유럽 여러 나라와 미국 등지로 이사를 다녔다. 영국의 헐 대학교를 졸업한 후 교편을 잡았던 그녀는 학교의 교장을 지내기도 했으며, 컴퓨터산업 분야에서 프로그래머와 교육자로 일하기도 했다. 노르웨이 스타방에르에 6년간 거주하며 여성국제네트워크의 이사회로 활동한 경험이 있다.

## 마고 메이어

UC버클리에서 박사학위를 받은 연구원 마고 메이어는 작가 겸 번역가로 활동 중이다. 그녀는 개인 고객을 비롯한 주요 기관의 요청을 받아 다양한 지식 분야를 망라하는 연구를 진행하며 글을 쓰고 있다. 현재 오슬로 교외에 자리한 아스케르에 거주하고 있다.


옮긴이

## 이윤정

경희대학교와 폴란드 바르샤바 대학교에서 공부했고, 졸업 후 기업의 영문 설명서를 만들었다. 예리한 관찰력과 섬세한 문장력을 겸비한 번역가가 되고 싶다는 막연한 꿈을 간직해오다 꿈을 구체화하기 위해 이화여대 통번역대학원에 입학했으며, 현재는 번역에이전시 엔터스코리아에서 전문번역가로 활동하고 있다. 옮긴 책으로는 『단숨에 읽는 미술사의 결정적 순간』, 『변화를 이끄는 브랜딩』(출간 예정) 등이 있다.

# 세계 문화 여행 시리즈

**세계 문화 여행_일본**
폴 노버리 지음 | 윤영 옮김 | 216쪽

**세계 문화 여행_중국**
케이시 플라워 지음 | 임소연 옮김 | 240쪽

**세계 문화 여행_터키**
샐럿 맥퍼슨 지음 | 박수철 옮김 | 240쪽

**세계 문화 여행_포르투갈**
샌디 구에데스 드 케이로스 지음
이정아 옮김 | 212쪽

**세계 문화 여행_몽골**
앨런 샌더스 지음 | 김수진 옮김 | 268쪽

**세계 문화 여행_스위스**
켄들 헌터 지음 | 박수철 옮김 | 224쪽

**세계 문화 여행_베트남**
제프리 머레이 지음 | 정용숙 옮김 | 224쪽

**세계 문화 여행_이탈리아**
배리 토말린 지음 | 임소연 옮김 | 246쪽

**세계 문화 여행_스페인**
메리언 미니·벨렌 아과도 비게르 지음
김수진 옮김 | 252쪽

**세계 문화 여행_홍콩**
클레어 비커스·비키 챈 지음
윤영 옮김 | 232쪽

**세계 문화 여행_쿠바**
맨디 맥도날드·러셀 매딕스 지음
임소연 옮김 | 254쪽

**세계 문화 여행_그리스**
콘스타인 부르하이어 지음
임소연 옮김 | 248쪽

**세계 문화 여행_뉴질랜드**
수 버틀러·릴야나 오르톨야−베어드 지음
박수철 옮김 | 224쪽

**세계 문화 여행_이스라엘**
제프리 게리·메리언 르보 지음
이정아 옮김 | 224쪽

**세계 문화 여행_멕시코**
러셀 매딕스 지음 | 이정아 옮김 | 262쪽

**세계 문화 여행_오스트리아**
피터 기에러 지음
임소연 옮김 | 232쪽

**세계 문화 여행_헝가리**
브라이언 맥린·케스터 에디 지음
박수철 옮김 | 256쪽

**세계 문화 여행_덴마크**
마크 살몬 지음
허보미 옮김 | 206쪽